JN063600

Dears for hair

たった4年で100店舗の美容室を作った僕の考え方

The journey behind DEARS : 100 salons opened in four years.

Dearsグループ代表
北原孝彦

横浜タイガ出版

まえがき
目指すゴールに最速で辿り着きたい時、あなたならどうしますか？

この本を手に取っていただき、ありがとうございます。

僕が地元の長野県に**Dears**（以下、**ディアーズ**と表記）という美容室を立ち上げたのは2015年5月のことになります。

それから**たった4年**で、僕はディアーズを**100店舗以上の美容室**に育て上げました。

その後も2021年6月の時点で、直営店が10店、フランチャイズが146店、**計156店へと急成長**を続けています。

2020年12月には、**全国47都道府県への出店**も果たしました。

ディアーズでは、来店してくださったお客様に「**次回の予約**」を取るスタイルを採用していますが、**次回予約率は90%以上**。「さぞ、やり手の社員が多いのだろうな」と思うかもしれませんが、**管理職（店長）はゼロ**です。1人もいません。社員は、**週休3日まで自由取得。**休みが取れないために離職率が高く、求人や集客に悩む美容室が多い中、ディアーズはそうした悩みとは全く無縁です。

なぜ、そんなことが可能なのか？

この本では、僕が**たった数年で美容室を急拡大させてきたプロセス**に沿って、その秘訣《ひけつ》を明らかにします。

なぜ、僕が「レッドオーシャン」（血で血を洗うような激しい競争が行われている既存市場のこと）と言われる美容室業界において、たった4年で100店舗を超えるお店を作ることができたのか？

もちろん、そこには明確な理由があります。

僕は常に「**自分の目指すゴール**」から逆算して、「**設定**」と「**設計**」を考えるようにしています。

もし、「成功の秘訣を一言で言ってください」と言われれば、僕は「**設定と設計**」

と答えるでしょう。

では、「設定」と「設計」とは、いったい何でしょうか？

僕の定義では、設定とは、再現性のあるものをどういう人が喜んでくれるか、その「**ターゲット**」のことです。

一方、設計は「こうしたらこうなる」という原理原則に基づいた「**マニュアルと環境で再現できるもの**」になります。

抽象的で分かりにくいと思いますので、具体例で説明しましょう。

例えば、あなたが経営する美容室に、次のようなタイプの2名が面接に来たとしましょう。経営者として、あなたはどちらのタイプの人を採用しますか？

①上昇志向が強く、バリバリ仕事をして、**お店の売上アップに貢献してくれそうな人**

②いくつかのお店を転々として、**仕事や人生に疲れ切っている人**

おそらくほとんどの経営者は、①のタイプを採用しようとするのではないでしょうか？

しかし僕は、①のタイプは絶対に採用しません。

僕が選ぶのは、**②のタイプ**の人です。

なぜか？

その秘密が「設定」と「設計」にあります。

社員の成長なくして、会社の成長はない。

おそらく美容室業界に限らず、世の中の経営者のほとんどが「社員の成長」＝「会社の成長」と考えているのではないでしょうか？

だから求人で言えば、「いかに素養のある人を採用するか」にこだわります。

入社させてからも、「いかに優秀な人材に育て上げるか」に心血を注ぎます。

そうした中で、多くの経営者が**「優秀な人材が集まらない……」**とか、**「採用した社員が思うように育たない……」**といった悩みを抱えています。

しかし、ここで少し考えてみてください。

仮に入社させた人物が、運良く優秀な人材に育ったとしましょう。

その優秀な人材は、いつまであなたの会社のために働いてくれるでしょうか？

優秀な人材が行き着く先は、基本的に「**独立**」しかありません。

優秀な人材を育てること自体、なかなか容易ではない上に、育った瞬間に独立されてしまうと、会社をスケール（事業規模を拡大）させたい場合に、会社は大きな痛手をこうむることになります。

会社の成長という目的のために社員を育てているのに、社員を育てることが、逆に会社の成長を阻害させるという「皮肉な結果」を招いてしまうのです。

では、こうしたジレンマを打ち破るためには、いったいどうしたらいいのでしょうか？

そのためには、根本から会社の「設定」と「設計」を見直すしかありません。

のちほど詳しく解説しますが、設定と設計が間違っていると、経営者と社員、双方が「**莫大なストレス**」を抱えながら仕事をしなければならない、苦しい状況に陥ってしまいます。

そのような状況下では、社員が辞めていくのは当然だし、業績だって上がるはずがありません。

僕に言わせれば、**全ての問題は「設定と設計」に帰結する**のです。

では、あなたは経営者として、「自分の目指すゴール」を実現させるために、どのような考え方で「設定と設計」を組み立てていけばいいのでしょうか？

そのためのヒントを、本書に書き記していきます。

この本は、僕が経営する美容室の話を中心に進めていきます。

ですから、この本のメインターゲットは「**美容室の経営者**」になりますが、僕の経営・マーケティング理論は、

「**社員がなかなか育たない……**」

「少し厳しくすると、すぐに辞めてしまう……」
「若い社員の考え方や気持ちが理解できない……」
「集客がうまくいかない……」

といった悩みを持つ、**あらゆる経営者の方々**に参考にしていただけるはずです。

この本が経営者と社員、双方の悩みやストレスを解消させる「設定と設計」を構築する一助になれば、これほど嬉《うれ》しいことはありません。

僕の話に、しばらくお付き合いください。

Dearsグループ代表　北原孝彦

※ディアーズの仲間から嬉しいメッセージが届いています！

いつもディアーズで働かせていただき、ありがとうございます！
この１年はとても充実し、あっという間に過ぎた１年でした！
私生活では、家族との時間も増え、仲が以前より深まりました^^
また土日にもお休みをいただけるため、会えなかった友人にも会え、とても充実しております！

また美容師としては、働きやすい環境の中、働かせていただいておりますので、身体がとても楽になりました！

髪質改善なので、お悩みを持ったお客様が多いですが、皆様に喜んでいただけて嬉しいです！

マニュアルどおりに行えば、お客様も再来してくださるので、自信にも繋がり、日々楽しく働かせていただいております！


働きやすい環境をいつも提供してくださり、感謝しかありません。

いつもありがとうございます！

また精進いたしますので、今後もよろしくお願いいたします。

嬉しい感想、ありがとうございます。
充実していただけるように、経営者として精進していきますね。

目次

第1章

それは壮大な実験だった！

あなたのビジネスを成功に導く「設定」と「設計」

第2章 社員の能力に頼らない！

0→1店舗

第3章

店長はいらない！
1→2店舗

第4章

「再現性」が全て
2→4店舗

第5章 「自動化」で成長が加速する！

4→100店舗

第6章 女性が働きやすい環境の作り方

Dears for hair

序章

なぜ、僕は美容師を目指したのか？

自宅に引きこもりゲーム三昧の日々

序章では、僕がディアーズの1店舗目を出す決意を固めた経緯について、お話ししますが、そもそも、**なぜ僕自身が美容師になろうと思ったのか？**

その点から話を始めたいと思います。

興味がない方は、序章を読み飛ばしていただいてもかまいません。かまいませんが、読んでいただくことで、**僕自身の考え方をより深く理解していただける**はずです。

自分で言うのも何ですが、生来、性格が少しひねくれている僕は高校時代、学校でいじめられ、家に引きこもってゲームばかりをしていました。

家から出ないでゲームばかりしているので、ブクブクと太り、髪は伸び放題という生活を送っていました。

ある日、親から「髪ぐらい切って来なさい」と言われ、お金を渡されたのですが、ゲームに夢中になっていた僕は、ふと思いました。

「自分で髪を切ってしまえば、このお金をゲームに回せるな」

何事も没頭する性格の僕は、当時、寝る時間以外は全てゲームのことを考えていました。

髪の毛のことなどどうでも良くて、髪を切るために使うお金があるのならば、自分で髪を切ってでも、ゲームにお金を回したいと考えたのです。

そこで家にあったハサミを取り出し、自分で髪を切ってみたのですが、この時に**不思議な感覚**にとらわれました。

髪を切る時の「ジョリ」という音が何とも気持ち良く、それ以降、僕はオシャレに目覚めるようになりました。

断食をしたり、なわとびを跳んだりして、1～2カ月のダイエットで体重を約20キロ落とし、髪も自分で切るようになりました。

この時は将来、自分が美容師になるということは考えもしませんでした。

しかし、高校卒業後、まだ働きたくなかった僕は「美容師になったらモテるかもしれない」という単純な理由で専門学校に入学しました。

そして、美容師という職業を選択し、就職することになったのです。

なぜ、一番若い僕が店長に抜擢されたのか？

入社1年目から、僕は「すぐにスタイリストになって、店長になりたいんです」と言って、バリバリ働きました。

平日は毎朝5時まで練習。

休日は基本的に休みなのですが、休日出勤でお店を手伝ったり、社長が講師を務めるセミナーに参加をしたりしていました。

そのお店の社長は休日になると、カットの仕方などを教えるセミナーをやっていたのですが、そのセミナーに参加するため、僕は社長に言いました。

「お給料も交通費もいりません。車の運転ぐらいはできるので、ぜひ社長について行かせてください」

そう言って、社長のカバン持ちをしながら、セミナーに参加をしたりしていました。

今振り返ると、「1年目の社員にしては、ずいぶん生意気だったな」とも思いますが、そうやって休日も社長について回っていました。

そんな僕は入社1年目でスタイリストになり、3年目に早くも店長を任されるまでになりました。

美容室の出世コースというのは、お店によって異なりますが、**「アシスタント」**↓**「スタイリスト」**↓**「トップスタイリスト」**といった形で出世をしていくのが一般的です。

管理職になると、**「チーフ」「店長」「マネージャー」「ディレクター」**といった肩書きが付くようになります。
一般的なスピードで言えば、入社して3～4年でスタイリスト、5年でトップスタイリスト、その後に店長などの役職が付けば、順調な出世コースと言えるでしょう。
ですから、例えば「2年でスタイリストになりました」と言われたら、「かなり早いね」「ずいぶんがんばっているね」という感じです。
それに照らし合わせてみても、僕の出世のスピードはかなり異例だったと言えるでしょう。

ある時、社長に「**なぜ、一番若い僕が店長なんですか？**」と聞いたら、次のような答えが返ってきました。

「**お前に任せて、それでお店が潰《つぶ》れるなら、納得できる気がするから**」

それが全ての答えでした。

社長にそう言わせるぐらい、僕は1年目から「これでもか」と言われるぐらいにバリバリに働いていたのです。

店長を任された僕は、よりいっそう仕事にのめり込むようになりました。

ところが……。

順調だった仕事に暗雲が立ち込め始めたのも、まさにこの頃のことでした。

朝5時からポスティングをしたら、何が起こったか？

社長から「お前のような人材を育ててくれ」と言われた僕は、店長として、よりいっそう仕事に前のめりになっていきました。

まず僕が部下たちに提案したのは、「**朝の5時からポスティングをしよう**」ということです。

僕はみんなを集めて言いました。

「自分たちのお客様なんだから、自分たちで集めようよ。とはいえ、休日にチラシを配るのは嫌でしょう？　だったら、朝やろうよ」

美容室というのは、何があっても、基本的に開店時間と閉店時間を変えることはしません。

当たり前のことですが、「ポスティングをしたいから、開店を少し遅くしよう」とか、「今日はミーティングがあるから、閉店を早めよう」ということは、基本的にしないものです。

ですから、ポスティングをするのであれば、開店前、もしくは閉店後の時間を利用するしかありません。

ポスティングをすることでお客様が集まれば、お店の業績アップに繋《つな》がり、ひいては従業員の喜びに繋がります。

仮にお客様が集まらなかったとしても、**1人のお客様を集める大変さ**を知ることで、従業員が成長できるはずだ。僕はそのように考えていました。

当時は今のようにSNSが発展していなかったため、お店の宣伝はポスティングなどの紙媒体が主流でした。

実際、ポスティングをすればするほど、お客様が集まり、僕は手応えを感じていました。

ところが、その矢先、部下の3人が「辞める」と言い出しました。

「朝の5時からポスティングをやりたくない」「もうこれ以上、北原さんにはついて行けない」と言うのです。

そして、実際にお店を辞めてしまいました。

美容室の場合、美容師が1人離職すると、その分、業績が落ち込むことになります。

従業員を育てて、業績を上げるための戦略だったはずが、逆に離反を招いてしまったのです。

今振り返ってみても、この頃はやる気だけが空回りして、歯車がうまくかみ合っていなかったように感じています。

こうして僕は「**人を育てることの難しさ**」や「**上司として部下を動かすことの難しさ**」に初めて直面することになりました。

そして、この時の経験が、その後のビジネスモデルの構築に大きく寄与していくことになるのですが、それはまだ先の話になります。

「業績低迷」→「労働環境悪化」→「離職」の悪循環を断ち切る方法

入社3年目で店長として、お店の舵《かじ》取りを任された僕は、さらに出世をして、3店舗を統括するマネージャーになりました。

マネージャーになってからも、僕は大車輪で働きましたが、お店の業績はやがて頭打ちになりました。

働けども、働けども、なかなか業績が伸びず、無理をするたびに従業員が疲弊

して辞めていくという悪循環を繰り返していました。

何かこの悪循環を抜け出す方法はないだろうか？

まず僕が考えたのは、**「キッズカットをなくした方がいいのではないか」**ということです。

データを調べてみると、あるお店に1カ月間で、子供のカットだけで30人ほどのお客様が集まっていました。

当時、子供のカットは1人2500円でやっていたのですが、大人と比べて、どうしても客単価が下がってしまいます。

僕は**「これをなくせば、平均客単価を3000円ぐらいアップできるのではないか」**と考えたのです。

子供のカットと言うと、簡単そうに思えるかもしれませんが、子供はお店で騒いだり暴れたりするケースがあるので、実は大人のカットよりもしんどい場面が数多くあります。

にもかかわらず単価が安いので、労力に見合った報酬を得ることができません。その過程の中で、従業員が疲弊していきます。

さらに、子供が騒いだり泣いたりしている空間というのは、大人にとって、心地の良いものではありません。

「まずは低単価のキッズカットをやめることが、お店の業績アップに繋がる一番の近道になるはずだ」

僕はそう考えるようになりました。

そのように考えてみると、その他にも「前髪のみのカット」など、低単価の原因が多いことに気づきました。

客単価を考えずに、ただやみくもに「お客様の数」を集めるだけの戦略だと、従業員がどんどん疲弊して、最終的に離職を招く結果になります。

そこで、「上位顧客がどのようなメニューを選んでいるのか」「上位顧客はどれくらいの金額を使っているのか」をレジのデータで調べてみることにしました。

実際にデータを調べて思ったのは、「**上位顧客だけを集客していた方が、よほどお店の経営は安定するだろう**」ということです。

上位顧客のみならば、お客様の数をこなさなくてもいいので、従業員が疲弊することもありません。

そこでメニュー構成を自分で作り直し、そのメニューで集客できるよう、**僕自身が自腹を切って、ホームページを作成**しました。

会社のお金を1円も使わずに、です。

そして、お店の公式ページとは別の形で、実際にそのホームページで集客をしてみたところ、きちんとお客様が集まることも分かりました。

僕は社長に提案しました。

「**従来のメニューを捨てて、上位顧客だけに絞ったメニューに切り替えてみませ**

んか？」

社長は「みんなの意見を聞いてみる」と言いましたが、その後に返ってきた答えは意外なものでした。

「将来的にキッズカットをずっとやっていきたいと言っている社員がいる。だから、やめることはできない」

意外な答えに、僕は納得できませんでした。

いかに「依存」を作るかがカギ

実は、「キッズカットをずっとやっていきたい」と言った社員は、当時、まだ入社したばかりでした。

一方、僕は入社して7~8年が経過し、3店舗を管理するマネージャーを務めていました。

僕としては、まさに**起死回生のアイデア**のつもりでした。

自腹でホームページまで作り、完璧《かんぺき》にお膳《ぜん》立てをして社長に提案をしたのですが、社長の返事はまさかの**「NO」**だったのです。

「僕の意見ではなく、入ったばかりの1年生の意見を通すというのは、どういうことなんだろう？　僕のポジションって、いったい何なんだろうか……」

そのように思った瞬間、自分の中でプツンと気持ちが切れるのを感じました。

そして「トップがこのスタンスなら、この大変さから抜け出すことは一生できないだろうな」とも思いました。

僕自身は、社長が「キッズカットを続けていきたい」という気持ちを理解できないこともありません。

しかし、その仕事を続けることが過酷な労働環境を作り、従業員の離職を招く一因になっているのは、データを見れば明らかです。

であれば、**「キッズカットをやめる」というのが合理的な判断**なのではないでしょうか？

にもかかわらず、なぜ経営者が「自分がやりたいこと」を押し通すのか？

僕には理解できませんでした。

そしてこの時から、僕は本格的に独立を考えるようになりました。

誤解をしてほしくないので、あえて書いておきますが、僕は今でもその社長を尊敬していますし、感謝の気持ちしかありません。

僕はディアーズの社員たちに、よく次のように言っています。

「僕は君たちにいろいろと与えるけれども、それは一方で、自分で開拓する力を

君たちから奪っているということだからね」

どういうことかよく分からないと思いますので、具体的に説明しましょう。

人間は与えてもらえる量が少ないほど、それを渇望して、自らつかみ取る力が身につくものです。

例えば、お金持ちの人を思い浮かべてみてください。

お金持ちになる人というのは、幼少の頃に貧しい経験をした人が多い傾向があります。

なぜ、貧しい経験をした人がお金持ちになるのでしょうか？

それはお金を心の底から渇望することで、自分でつかみ取る力、つまりお金を稼ぐ力が身につくからです。

僕が社員にいろいろと与えるということは、言い換えれば、「**僕に依存しなければ生きていけない状況**」を作っているということでもあるのです。

社長のカバン持ちも含めて、あの時の環境を経験できたからこそ、今がある。

そのように思っています。

だからこそ、僕は当時の社長に対する尊敬と感謝の気持ちを、今でもずっと持ち続けているのです。

お客様だけでなく従業員からも求められる「器」を作る！

当たり前のことですが、経営者は「自分が作りたいと思っているもの」や「やりたいと思っていること」が、お客様だけでなく、従業員からも必要とされているかどうかを、まずは冷静に見極める必要があります。

よく「集客さえできれば、もっと売上が上がるはずだ」とか、「良い人材さえ採用できれば、うちの会社はもっと伸びるはずだ」と言う経営者がいますが、問題の本質は、実はそこではありません。

本当に問題なのは「自分がやりたいこと」と「お客様や従業員に求められていること」がズレてしまっている点です。

結果として、経営者は「お客様が集まらない……」「良い人材が全然集まらない……」といった苦しい戦いをせざるをえなくなってしまうのです。

お客様や従業員から「**本当に必要とされるもの**」であれば、向こうの方から探してでも、人がやって来るようになります。

では、お客様だけでなく、従業員からも必要とされるビジネスモデルは、いったいどのように構築すればいいのでしょうか？

その点については、これから説明しますが、僕のビジネスモデルを「一言で説明しなさい」と言われたら、僕は「**置きに行ったビジネスモデル**」と答えます。

ここで言う「置きに行く」というのは、具体的にどういうことなのでしょうか？

分かりやすく言えば、自分の意見を押し通すのではなく、お客様や従業員に対して、「**本当に欲しいのはコレでしょう？」という器を作る**ということです。

そして、その器を「置きに行く」ということです。

その器に対して、お客様や従業員が自然に集まって来る姿をイメージしていただければ、分かりやすいのではないでしょうか？


そして、本当に肝心なのは、ここからです。

ビジネスモデルとして、お客様や従業員などの「人が集まる器」を作るためには、いったいどうすればいいのでしょうか？

この点が、次の**第1章のテーマ**になります。


さて、前置きはここまでにしましょう。

次の第1章では、僕がディアーズのビジネスモデルをどのように構築していったのかについて、詳しく解説します。

序章のポイント

☑ 美容室は従業員が辞めると、その分、業績が落ち込んでしまう。離職をさせない戦略が大事。

☑ 客単価を考えずに、「お客様の数」を集めるだけの戦略だと、従業員が疲弊して、離職に繋がっていく。

☑ よく「集客さえできれば……」「良い人材さえ集まれば……」と言う経営者がいるが、問題の本質はそこではない。

☑ 本当の問題は、「経営者がやりたいこと」と「お客様や従業員に求められていること」が乖離《かいり》している点にある。

☑ 経営者はお客様だけでなく、従業員からも必要とされるビジネスモデルを構築する必要がある。そうすれば、自然と人が集まって来る。

※「人が集まる器」を作ると、こんな感じになります！

北原さん、お疲れさまです！

遅い時間に申し訳ございません。


先ほど給与明細を見させていただき、支給額の高さにビックリして、思わず LINE してしまいました。

前に 5 年働いていた職場より高くて、こんなにいただいていいのかな！？ってなってしまいました。

とても良い環境でストレスなく、お客様としっかり向き合って、お仕事ができています。ありがとうございます。


まだフレックスになったばかりなので、売上に少し不安はありますが、しっかりマニュアルどおりに接客し、次回予約をいただけております。

これからもがんばらせていただきますので、よろしくお願いいたします！

急にすみませんでした。

お疲れさまです ^^
1 月から今日までまだ 6 カ月ですが、5 年勤務されたサロンより、手取り額もかなり増えましたね。

お支払いさせていただきましたお給料は、●●さんがお客様を喜ばせてくださいました、正当な対価です。

そして、北原自身が作り上げてきたルールや仕組みが機能して、みんなが守ってくれるから、「ストレスのない職場」になっています。

ディアーズのルールを守ってくださり、本当にありがとうございます。

頼りにしておりますので、いつもお客様に誠実に、真摯に、そして丁寧に。

お客様を大切にしてくだされば、僕は●●さんを大切にします。


働いてくださり、うちを見つけてくださり、ありがとうございます。

これからもどうぞよろしくお願いします ^^

入ってまだ 1 年経っておりませんが、もうすでにディアーズに入社できて良かったと感じております！！

これからもお客様を大事に、お仕事をさせていただきます！

お返事までありがとうございました m(__)m

Dears for hair

第1章

それは壮大な実験だった！

あなたのビジネスを成功に導く「設定」と「設計」

平凡なオーナーのもとにカリスマ美容師は集まるか？

序章でお話ししましたが、当時勤めていたお店の社長との意見の食い違いから、僕は独立することになりました。

そしてディアーズを設立することになるのですが、ディアーズはある意味、僕にとっては「**壮大な実験**」の場でした。

自分の考えたビジネスモデルが、はたして現実の世界で通用するのか？

ディアーズの実店舗を通じて、1つひとつ実験を繰り返しながら、僕はその検証を進めていったのです。

では、僕が考えた「**ディアーズのビジネスモデル**」とは、いったいどのようなものだったのでしょうか？

その点について、これからお話ししたいと思います。

例えば、美容室のオーナーに**「どんな美容室を作りたいか？」**を問うと、たいていの方は、次のように答えます。

「カリスマ美容師をズラリと揃《そろ》えた美容室」

「カリスマ美容師をバンバン輩出する美容室」

僕は漫画のドラゴンボールが大好きなのですが、イメージで言うと、最強の戦士であるサイヤ人をずらりと揃えた美容室です。

そうした美容室では、クリリンやヤムチャといった「脇役」は蚊帳《かや》の外です。

もしくはウルトラマンの世代にとっては、ウルトラマンの兄弟が勢揃いしている美容室と言った方が、イメージとして伝わりやすいでしょうか？

いずれにしても、カリスマ美容師たちが、お客様を相手に分刻みで働いている。

そんな美容室を目指す方が多いようです。

ですが、こうした美容室を目指すオーナーにまず問いたいのは、**「あなた自身**

がカリスマ美容師なのですか？」という点です。

厳しい言い方かもしれませんが、自分自身がカリスマ美容師でもないのに、カリスマ美容師、もしくはカリスマ美容師の素養を持った人たちが自分のもとにバンバン集まってくるというのは、考え方が少し甘すぎるのではないでしょうか？

これは美容室に限らず、**どの経営者にも言えること**だと思います。

一度、自分の胸に手を当てて考えてみてください。

経営者として、あなた自身がスターではないのに、スター社員を揃えた会社をあなたは目指そうとしていないでしょうか？

なぜ、求人募集で人が集まらないのか？

先日、テレビにも出ているカリスマ美容師との会食の機会がありました。

彼のお店はひとたび求人の募集をかけると、１００人ぐらいの美容師が集まるそうです。
100人の中から2〜3人を選抜するわけですから、こうしたお店であれば、「カリスマ美容師をズラリと揃えた美容室」「カリスマ美容師をバンバン輩出する美容室」も夢ではないかもしれません。

一方、実際の現場はどうでしょうか？
多くの美容室では、求人の募集を出しても人が集まらないか、もしくは集まったとしても、**いくつものお店を渡り歩いて、疲れ切った美容師がほとんど**です。

一般的な美容室では休みが少ない上に、お客様のかき入れ時である土日に休みを取れないため、旅行はおろか、友人などの結婚式に参加することもままなりません。

にもかかわらず、月20万円以下の給料ということもザラで、さらに**社会保険にすら入れてもらえないケースも数多く存在**します。
そうした環境下で、肉体的にも精神的にも疲弊し切って集まってきます。

そうした美容師たちに、例えば「**カリスマ美容師への道**」というカリキュラムを用意したところで、はたして心に響くでしょうか?

答えは「**NO**」です。

なぜなら、彼ら、彼女らが求めているのは「カリスマ美容師への道」というカリキュラムではないからです。

もし、それでも「カリスマ美容師への道」を強要すれば、またすぐに別のお店に転職してしまうことでしょう。

こうして従業員は渡り鳥のように転職を繰り返し、お店の側も求人募集を繰り返すという悪循環に陥ってしまうのです。

僕に言わせれば、**そもそもの「設定」と「設計」が間違っています。**

だからこそ、「**経営者が目指す方向性**」と「**現場の従業員の方向性**」が、**いつまで経っても一致しない**のです。

美容室に限らず、おそらく多くの中小企業が「**人を採用したいけれど、良い人**

材が集まらない……」とか「**採用してもすぐに辞めてしまう……**」といった問題を抱えているのではないかと思います。

では、こうした問題を解決するためには、いったいどうしたらいいのでしょうか？

無い物ねだりはしない！

ここで、まず考えなければならないのは「**自分が作ることができる設定と設計は何か**」という点です。

例えば、あなたが水力発電の事業を始めたいとしましょう。

一番簡単なのは、すでに流れている川のほとりに、発電のための水車を置くことです。

これが、最も簡単な事業の作り方と言えるでしょう。

にもかかわらず、多くの経営者は、川から自分で作ろうとします。

当たり前の話ですが、川をイチから作るのは大変です。

こうしたやり方では、おそらく川が完成する前に、水力発電の事業から撤退してしまうのがオチではないでしょうか？

話を美容室に戻しましょう。

先ほどお話ししたとおり、多くの美容室において、求人をかけて集まってくるのは、いくつものお店を渡り歩いて疲れ切った美容師がほとんどです。

そうした人たちに「もっと働け」「もっと稼げ」「もっと成長しろ」と言うのは、さすがに酷ではないでしょうか？

そういった強要をすれば、さらに疲弊して、ますます生産性が落ちていくことは火を見るよりも明らかです。

そこで、僕が言う「**設定**」と「**設計**」が必要になります。

まえがきで説明しましたが、ここでもう一度、復習をしておきましょう。

設定とは、再現性のあるものをどういう人が喜んでくれるか、その「**ターゲッ**

ト」のことです。

一方、設計は「こうしたらこうなる」という原理原則に基づいた「**マニュアルと環境で再現できるもの**」（**ビジネスモデル**）になります。


まず設定とは、簡単に言うと「ターゲット」のことですから、ここでは「**疲れ切った美容師**」ということになります。

カードゲームに例えれば、手持ちは「疲れ切った美容師」というカードしかないわけですから、そのカードで勝つ方法を考えなければなりません。

この場合、「キングさえ持っていれば……」とか「クイーンが欲しい」といった無い物ねだりは無意味です。


では、疲れ切った美容師たちを戦力にして勝つためには、どんな制度を設計するべきなのでしょうか？

そうした美容師たちに対して、どういった制度を設計すれば、喜んで働いてもらえるのでしょうか？

なぜ、お店を辞めてしまうのか？

僕のところに相談に来てくださる美容室のオーナーさんに、「今までに何人ぐらいの美容師が辞めていきましたか？」と聞くと、「だいたい10人ぐらいです」とおっしゃる方が多いです。

そこで、「仮にその10人が辞めなかったとしたら、業績はどれくらい上がっていると思いますか？」と聞くと、たいてい次のように答えます。

「おそらく、今の3倍は売上が上がっていると思います」

みんな分かっているのです。

本当は3倍のスピードで成長できるのに、3分の1になってしまっている……。

その大きな原因の1つは、**従業員の離職を抑えることができない点**にあります。

「あの人さえ辞めなければ、うちの会社の業績はもっといいはずなのに……」

もしあなたが経営者であれば、思い当たる節があるのではないでしょうか？

いったいどうすれば、従業員の離職を抑えることができるのでしょうか？

そもそも、なぜ美容師はお店を辞めてしまうのでしょうか？

社員面接などの際に、「**なぜ前のサロンを辞めたのか？**」を丹念に聞いていくと、その理由は、主に次の3点に集約されます。

①休みを取れない
②給料が少ない
③人間関係が気に入らない

③の「人間関係の煩わしさ」は、美容室に限ったことではありませんが、①と

②は、この業界の「**定番の悩み**」と言えるでしょう。

大事なのは、これらの要因を1つひとつ潰していくことです。なぜなら、こうした「美容師の悩み」を逆手にとると、①～③の問題を解決してあげることさえできれば、よほどのことがない限り、お店を辞めないからです。

経営者に求められるのは、「**いくつもの悩みを抱えた従業員に対して、全てクリアさせる労働環境を設計してあげること**」です。

序章で「置きに行くことが大事」という主旨の話をしましたが、従業員が求めているのは、まさに①～③の問題を解決してくれる職場であって、そうした器（設計）を作ることが、僕が言う「**置きに行く**」ことなのです。

では、先ほどの3つの問題をクリアさせる労働環境を、どのように設計すればいいのでしょうか？

順を追って、見ていくことにしましょう。

「週休3日」と「フレックス制」を採用する理由

まず①ですが、美容師の「休みを取れない」という悩みを解消させるため、ディアーズでは「**週休3日制**」を採用しています。

なぜ週休3日に落ち着いたのかというと、例えば主婦の場合、週休2日だと子供に全ての時間を取られてしまうからです。

一方、週休3日であれば、土日に子供に時間を割いても、残り1日は自分の時間を持つことができます。

そうすることで、**肉体的にも精神的にも余裕**が生まれます。

ディアーズでは「**フレックス制**」を採用しているので、働く時間は自由。

また次回予約を採用しているので、自分が休みたい日にちに合わせて調整すれば、**1週間の旅行などの長期休暇が可能**です。

お客様の「次回予約の日」を、自分が休みたい日にちに合わせて調整すればいいので、休暇の日程を、基本的に自分で決めることができます。

フレックス制なので、**夜に飲み会が入っている日には、15時に仕事を終えて、翌日は昼の12時に出勤するといったことも可能**です。

一方、「もっと働きたい」と考えている方は、そういう働き方を選択することもできます。

給料は一定の売上までいけば、それ以降は**歩合制**を採用しています。

つまり、**「どれくらい働きたいのか」「どれくらい休みたいのか」を、自分で調整できるシステム**になっているのです。

「週休3日にすると、その分、美容師1人あたりの生産性が下がってしまうのではないでしょうか？」

ひょっとしたら、そのように思われるかもしれませんね。

ですが、一般的なサロンの美容師1人あたりの1カ月の平均的な売上が50〜60万円なのに対し、ディアーズでは、どの美容師も**月80〜100万円**をコンスタントに売り上げます。

なぜ週休3日でも、ディアーズの美容師は高い生産性を叩き出すことができるのでしょうか？

その秘訣については、これから本書の中で明らかにしていきます。

美容師で月収100万円は可能か？

次に②の「給料が少ない」ですが、美容室はビジネスモデル上、仮にエリアマネージャーに出世したとしても、その美容師に**月100万円の給料を払ってあげるのは難しい**のが現実です。

なぜなら家賃や光熱費、お店を作る際の借金の返済などを考えると、月100万円の給料を払うためには、それ以上の売上を上げなければならないからです。

ですから、「月100万円の給料が欲しい」と言う方に対して、そのための「出世道」を内部で用意してあげることは、ほぼ不可能と言えるでしょう。

キャリアアップを目指したければ、基本的に独立をするしか道はありません。

その一方で、美容師というのは、月20万円以下の給料で働いている人たちがザラにいる世界です。

先ほどお話ししたとおり、ディアーズに来れば、**誰でも月80～100万円の売上を上げることができる**ようになります。

ですから、月100万円の給料は無理でも、**月30～40万円の給料を誰でも取る**ことができます。

例えば、僕が以前に働いていたサロンで言うと、スタイリストが10人いたら、月の売上で100万円を超える人が2人、60万円前後が5人、30万円前後が3人といった具合でした。

このうち、美容室を辞めていくのは、たいてい「**月100万円を超える売上の**

前職の典型的な美容室とディアーズの比較表

項目	典型的な美容室	ディアーズ
月給	20 ～ 25 万円	30 ～ 40 万円
休み	月 6 日	週 2 ～ 3 日
勤務体系	固定時間制	フレックス制
帰宅時間	お客様が終わっても、ミーティングなどで帰れない	お客様が終われば、何時でも帰宅可
社会保険	あるケースとないケースが半々	完備

人」と「**月30万円前後の売上の人**」です。

前者は「次の世界を見たい」「独立したい」という理由で、後者は「給料を取ることができない」という理由で辞めていきます。

ですから、美容師の離職を防ぎたければ、**アッパークラスを作らないのはもちろんのこと、売上を上げられずに困っている人を作らないことも大切**です。

要は、**そのための仕組みをどう設計するかが肝心**なのです。

売上を中心に上下関係ができてしまうと、「売上を上げた人間が偉い」という雰囲気が職場全体に蔓延《まんえん》してしまいます。

そうなると、売上が上がらない人は、何か別のところで目立とうとして、余計なことを始めたり、職場を荒らしたりして、職場の雰囲気が悪くなります。

売上を上げられない人は、上げられないなりに、組織の中で自分の存在価値を示そうとするものなのです。

こうしたことが起こらないよう、ディアーズでは**誰もが月80～100万円の売上を上げることができるシステム**を構築しています。

では、なぜディアーズでは、誰もが月80～100万円の売上を上げることができるのでしょうか？

その点については、のちほど詳しくお話しします。

「自分の力で勝てる人」はいらない！

一般的なサロンでは、できる限り優秀な人を採用しようとしますが、僕が考えているのは、実はそこではありません。

僕が第一に考えているのは、「**ディアーズの設計を通すことによって、その人の人生をどこまで引き上げてあげることができるか**」という点です。

少し分かりにくいと思いますので、具体例で説明しましょう。

例えば、休みがほとんどなく、月20万円以下の給料しかもらえていない人がディアーズに入店したら、どうなるでしょうか？

週休3日まで選択できるようになり、月30～40万円の給料を取ることができる上に、社会保険にも入ることができます。

自己採点で「今の自分の人生は20点ぐらいかな」と考えている人がディアーズに入れば、60点とか70点になるかもしれません。

そうなれば、**人生の採点が40～50点アップ**することになりますから、振り幅が大きく、満足度がグンと上がります。

言い換えれば、**ディアーズの設計を通すことで、その人の人生の質が大きく引き上がることになる**のです。

こうなると、よほどのことがない限り、その人は離職しません。


一方、「業務委託で月50万円をもらっていました」というタイプの方がディアーズに入店したら、どうなるでしょうか？

業務委託で月50万円というのはかなり優秀だと思いますが、月50万円の給料が30～40万円にダウンするというのは、その分、生活水準が下がるということですから、口で言うほど簡単なことではありません。

仮に採用時にその金額で合意したとしても、必ずどこかに不満が出てくるもので、最終的にはお店を辞めていきます。

そうなると、お互い不幸になるだけですから、はじめから僕はこういうタイプの人を採用しません。

僕が選ぶのは「優秀な人」ではなく、**「ディアーズの設定に合っている人」**なのです。


僕が採用した、ある女性社員のエピソードです。

当時の彼女はスタイリストになって2年目でしたが、給料が月15万円ほどしかなく、社会保険には入っていませんでした。

休みは週1日のみ。月の休みは4日ありますが、4日のうち、1日は講習に出なければならないため、1カ月間の休みは実質3日という状態でした。

面接が終わったあと、「今日はゆっくり休んでくださいね」と僕が言うと、彼女は「レジを締めるため、今からサロンに戻らないといけません」と答えました。他の社員が辞めていき、オーナーもレジ締めをやらないため、自らがお店に戻らなければならないと言うのです。

そうした無理をしているせいか、休みの日には病院で点滴を打っていることが多いらしく、腕を見ると、そこにはリストカットの跡が残っていました。

僕は彼女に言いました。

「週休3日で、自分のペースでいいからね」

その後、ディアーズに入店してから1年ほどで、彼女は月40万円の給料を取ることができるようになりました。

ストレスがなくなり、風邪も引かなくなりました。

あまりに無茶な働き方だったため、親からは「早く美容師を辞めなさい」と言われていたそうですが、今では「**今の社長さんに一生ついて行きなさい**」と言われているそうです。

僕にとっては、**何より嬉しい言葉**です。

人間関係のストレスはどこから生まれるのか？

最後に③の「人間関係が気に入らない」について考えてみましょう。

厚生労働省の２０１６年の調査によると、**職場のストレスの上位３つ**は次のとおりになるそうです。

①仕事の質・量（53・８％）
②仕事の失敗、責任の発生等（38・５％）
③対人関係（セクハラ・パワハラを含む）（30・５％）

この調査から分かるのは、従業員のストレスは仕事の内容だけでなく、**職場の人間関係にも大きく左右される**ということです。

仕事の内容だけでなく、人間関係も改善しないと、職場におけるストレスを減らすことはできません。

そして、仕事のストレスはもちろんのこと、**人間関係のストレスもやり方次第で改善できる**はずだというのが、僕の基本的な考え方です。

そもそも人間関係のストレスというのは、どこから生まれるのでしょうか？

それは一言で言うと、**仲良くなること**から生まれます。

仲良くなるから、ケンカが生まれます。

距離が近くなるからこそ、そこに摩擦が生まれるのです。

普通のサロンでは、朝礼やミーティングなどを行い、従業員の結束を固めるのが一般的です。

一方、ディアーズの現場では、朝礼やミーティングは一切行いません。

なぜなら、従業員がそれぞれ自分の仕事に徹してさえくれれば、あえて結束をする必要はないからです。

もちろん、仲良くなること自体を否定はしませんが、ケンカさえしなければ、従業員同士が仲良くなる必要はないと僕は考えています。

人間関係においては、「大事だから仲良くなりたい」ではなく、**「大事だからこそ、あえて距離を詰めない」**という考え方も大切ではないかと思うのです。

ディアーズ直営店の現場社員は全て女性ですが、女性同士というのは、いったん関係がこじれると、「絶対に許さない」というゾーンに入りがちです。

男性の場合は話し合いによって解決することも多いのですが、女性の場合は感情が先走ってしまうケースが多く、意見や主義主張の擦り合わせが男性以上に難しいと感じています。

そのため、人間関係がこじれないように、僕は**「現場の人間関係が近くなりすぎないための工夫」**＝**「適切な距離を保つための工夫」**を心がけています。

例えばディアーズでは、**みんなで行く食事会にのみ、会社からお金を出すというシステム**を採用しています。

一方、仲の良い2人同士で行く食事会には、お金を出しません。

そうすると、社員としては「2人で行くよりも、みんなで行った方がいいね」となります。

なぜ、こうしたシステムを採用しているのかと言うと、仲の良い人たちだけで食事に行くと、**仕事や職場の人間関係に対する愚痴が必ず出る**からです。

愚痴を言い合うことで、職場に対する不満が高まっていけば、人間関係がこじれ、最終的な離職に繋がりかねません。

そうした事態を避けるため、みんなで行く食事会は何回行っても、会社から代金を支給するようにしています。

実際、このシステムはうまく機能していると感じています。

みんなで行く食事会に関しては、金額の上限を決めていないので、コースで1人1万円以上かかるような領収書が回ってくることもあります。

金額を見て「おお！」と驚くこともありますが、僕は必要経費だと考え、気持ちょく支払うようにしています。

そうした食事会が、社員同士の「**適正な距離**」を保つために役立つのであれば、これほど安いものはありません。

食事代を支給することで、社員の普段のがんばりをねぎらうこともできますから、まさに一石二鳥と言えるでしょう。

その他にも、従業員同士の人間関係をこじらせないよう、最近では「**個室サロンの設置**」を積極的に進めています。

2020年初頭からの新型コロナウイルスの蔓延で、個室サロンに注目が集まっていますが、この点については、またのちほどお話しします。

ビジネスで確実に結果を出す「商品選びの基準」とは?

さて、以上は従業員に対する「設定」と「設計」ですが、ここからは**お客様に**

対する「設定」と「設計」についても見ていきましょう。

ディアーズを設立するにあたり、僕はディアーズを「**髪質改善に特化したサロン**」にすることにしました。

なぜ、「髪質改善」に特化させたのか?

まずはその理由について、お話ししましょう。

例えば、今、僕の髪はかなりの長髪です。

なぜ長髪なのかと言うと、「北原さんは顔に特徴がないから、せめて髪を伸ばした方がいいよ」というアドバイスを受けたことがきっかけでした。

それから髪を伸ばし始めたのですが、そうしたアドバイスをしてくれる人たちは「やっぱり北原さんは長い髪の方がいいね」と言ってくれます。

一方、僕の髪を見て、「もっと髪を短くした方が、清潔感があっていいのではないか」と言う人たちもいます。

僕からすると、清潔感を保つために短い髪にしていた結果、「伸ばした方がいいよ」と言われて髪を伸ばしているわけです。

ですから、「今さら短い方がいいと言われてもなあ……」と思ってしまいます。

なぜこの話をしたのかというと、カットのデザインというのは**人の好みの問題**であって、そこに明確な基準はないということを分かっていただきたいからです。

ある人は「長い方がいい」と言い、またある人は「短い方がいい」と言います。

そこにあるのは「好き嫌い」という名の「**曖昧《あいまい》な判断基準**」であって、明確な基準はないのです。

にもかかわらず、多くのサロンは「カットのデザイン」を勝負の拠り所にしようとします。

たとえどんなに自分がカッコいいと感じるカットに仕上げたとしても、そのカットをどう感じるかは、お客様によって異なります。

そこに明確な答えはありません。

答えが出なければ、改善の仕様もありません。

こうした「人によって見方が違うもの」で勝負をすると、いつか必ず行き詰まってしまうはずだと僕は考えました。

僕がディアーズを髪質改善に特化させようと考えたのは、髪質改善は「**こっちの方がキレイ**」というのが、**誰が見ても明確に分かる**からです。

次のページの写真をご覧ください。

どちらが艶《つや》のあるキレイな髪であるかは、誰が見ても一目瞭然《いちもくりょうぜん》ではないでしょうか？

誰が見ても答えがはっきりしているものであれば、改善の仕様もあるし、そこには**再現性**も生まれます。

だからこそ、僕は髪質改善に特化して勝負をしようと決めたのです。

こうした僕の考え方は、これから起業をしようという方だけでなく、「**ヒットする自社製品を開発したい**」と考えている方にも応用していただけるはずです。

例えば、あなたは「カッコよさ」とか「好き嫌い」といった「判断基準が曖昧

髪質改善のビフォーアフター

誰が見ても、どちらがキレイかは一目で分かる！

な商品」で勝負をかけようとしていないでしょうか？

もちろん、僕はそうした方向性を否定するつもりはありません。

しかし、そうした方向性を選択してしまうと、仮に失敗した場合に、修正の仕様がありません。

ビジネスで確実に結果を出すためには、**「正解のある問い」**＝**「判断基準が明確な商品」**を扱うことが肝心ではないかと思います。

僕が「自社サイトでの集客」にこだわる理由

僕はディアーズを髪質改善に特化させることに決めました。

その次に考えたのは、**「ポータルサイトを使わずに、自社サイトだけで上位顧客を集客できるか」**ということです。

序章でお話ししたように、勤めていたお店のサイトとは別に、自腹でサイトを作り、そのサイトで上位顧客のみを集客できることを僕は確認していました。

ディアーズを設立するにあたって、僕が「**設定**」として考えたのは「**上位顧客**」です。

ポータルサイトを使わずに、自社サイトのみで上位顧客を集客できる仕組みを「**設計**」することが、次の課題でした。

なぜポータルサイトではなく、自社サイトでの集客にこだわるのでしょうか？

一番の理由は、利益率が下がるのはもちろんのことですが、何より**リピート率が下がってしまう**からです。

例えば、コンビニエンスストアに並ぶカップラーメンを思い浮かべてみてください。

コンビニエンスストアには、常に「**NEW**」と書かれたカップラーメンが並びますが、まずお客様が興味を持つのは「NEW」のカップラーメンです。

そして、ここが一番の問題点なのですが、NEWは時間が経てば、NEWではなくなってしまいます。

もはやNEWではなくなったカップラーメンをまた手に取ってもらえれば嬉しいですが、NEWに惹《ひ》かれて購入したお客様というのは、新しい「NEW」が出れば、今度はそちらを購入しようとします。

コンビニエンスストアに並ぶカップ麺と同様、ポータルサイトという商品棚に自分の商品を乗せてしまうと、**NEWでなくなった時に、リピート率が下がってしまう**ものなのです。

また、ポータルサイトを頼りに集客をしていると、いざハシゴを外されてしまった時に集客ができなくなってしまいます。

こうした理由から、ポータルサイトには頼らず、自社サイトのみで集客をすることに僕はこだわりました。

「自社サイトで集客することの重要性は分かりましたが、自社サイトだけで集客をするのは、かなりハードルが高いのではないでしょうか?」

ひょっとしたら、そのように思われるかもしれませんが、結論から言ってしまえば、この点は全く問題ありませんでした。

どのような点を重視して、自社サイトを作っているのか？

なぜ、自社サイトだけで集客が可能なのか？

この点に関しては、のちほど第2章で詳しく解説します。

どうすれば「上位顧客」のみを集めることができるのか？

繰り返しになりますが、僕がディアーズのお客様として設定したのは「上位顧客」でした。

お店によって異なりますが、美容室にご来店いただくお客様のうち、少ないお店では10％程度、多いお店だと30％ぐらいのお客様は、いわゆる「**ロイヤルカス**

タマー」と呼ばれる上位顧客になります。

上位顧客と言っても、業界以外の方にはなかなかイメージしづらいかもしれませんが、要は「**一番良いメニューでやっておいてちょうだい**」というタイプのお客様です。

カット、カラー、トリートメントなどをフルセットで行うため、客単価が大幅に上がります。

お店にとっては本当にありがたい存在ですが、僕はこうしたお客様だけで固めたサロンを作りたいと考えました。

いったいどうすれば、上位顧客だけを集めたサロンを作ることができるのでしょうか?

例えば、もしあなたが美容室のオーナーだとしたら、どのようにして上位顧客だけを集めたサロンを作りますか?

一般的なサロンでは「**顧客創造**」とか「**顧客教育**」という言葉を使って、既存のお客様をいかにしてロイヤルカスタマーに引き上げるかを考えます。

おそらく、そのような方向性を考える方が多いのではないでしょうか？

しかし、この方法には**大きな欠点**があります。

それは、ロイヤルカスタマーを作れるか、それとも作れないかが、**社員のプレゼンテーション能力次第**になってしまうことです。

仮に社員のプレゼンテーション能力が低ければ、既存のお客様をロイヤルカスタマーに引き上げることはできません。

「ロイヤルカスタマーを増やすことができるように、社員教育をすればいいのではないですか？」

そう思うかもしれませんが、その考え方にも、実は**大きな落とし穴**があります。

「成長」＝「幸せ」とは限らない！

美容室のオーナーに限らず、自ら起業して会社を作る経営者というのは、従業員時代にバリバリ仕事をしていた人がほとんどです。

序章でお話ししたとおり、僕自身も例に漏れず、**朝の5時まで練習して8時には出勤する日々**を送っていました。

こういう経営者は「成長することこそが将来の幸せに繋がる」と信じているので、社員にも相応の成長を求めます。

しかし当の社員は、なかなか思うように成長しません。

「**俺がこんなにまでお前の成長を考えているのに、なぜ分からないんだ？**」

そうしたストレスを抱えている経営者は、かなり多いのではないでしょうか？

ここでまず認識していただきたいのは、**幸せの定義は人によって異なる**という点です。

バリバリ仕事をしてきた経営者はとかく「成長」＝「幸せ」と考えがちですが、それはあくまでも1つの価値観にすぎません。

僕が感じているのは、今の時代、特に若い世代の多くは「成長」＝「幸せ」とは考えていませんし、**そもそも成長することを求めていない人の方がはるかに多いのではないか**ということです。

高度成長期の日本は、人口も経済も右肩上がりで、仕事をやればやるほど、成果が出た時代でした。

そうした時代を生きた人間にとっては、「成長」＝「幸せ」という考え方が、肌感覚にまさにぴったり合うのではないかと思います。

しかし今の若者は、1990年代のバブル崩壊後に社会に出た世代です。

「**失われた30年**」という言葉に代表されるように、世の中は常に不景気で、経済成長の恩恵を受けたことが一度もありません。

そういう世代の人たちが「**むやみに成長を目指す必要はない**」とか「**今日を無難に生き切ることができればいい**」と考えるのは、ある意味、自然な流れなのではないでしょうか？

経営者が「**なぜ成長しないんだ？**」とストレスを抱える一方で、社員の方も「**なぜ成長を求めるんだ？**」とストレスを抱えています。

ストレスを抱えているのは、何も経営者だけではないのです。

成長を求めていない人に、むやみに成長することを強要すれば、そこにはストレスしか生まれません。

こうした双方のストレスがマグマのように溜まり、やがて「**社員の離職**」という形で爆発してしまうのです。

誤解のないよう、あえて付け加えておきますが、僕自身は「成長こそが大事で、そのために負荷がかかるのは当たり前」という人生観を持っています。

しかし、その価値観を社員たちに押し付けようとは思いません。

そんなことをすれば、みんな辞めてしまうからです。


僕がなぜ「週休3日」「フレックス制」というスタイルに辿り着いたのかと言えば、それは**自分の価値観に対して、徹底的に妥協した**からです。

序章で「置きに行くことが大事」というお話をしましたが、「**置きに行く**」というのは、言い換えれば「**徹底的に妥協する**」こととも言えるでしょう。

自分の価値観やスタイルを押し通すのではなく、妥協して相手のスタイルや価値観に合わせ、そのモデルを設計して、置きに行くのです。

社員のモチベーションに関係なく、業績を伸ばすことは可能か？

ここまでを読んだあなたは、おそらく次のように思うのではないでしょうか？

「社員が成長しなければ、会社の成長はありえませんよね？　会社の成長のために、経営者が社員に成長を求めるのは当たり前だと思いますが……」

たしかに、経営者の中には「社員の成長」＝「会社の成長」という考え方が根強くあります。

しかし、ここでよく考えてみてください。

社員が成長しなければ、会社は成長できないものなのでしょうか？

「社員の成長」＝「会社の成長」という考え方は、本当に正しいのでしょうか？

実際、僕がディアーズの社員に伝えているのは、「**今のままのあなたでいいよ**」ということです。

僕は社員に対して、成長を求めません。

のちほど説明しますが、僕は社員を成長させてあげようとは考えていませんし、**社員が今のままでも成果が出るシステムを設計**しています。

結果として、僕は**たった4年で100店舗以上の美容室を抱える会社**にディアーズを育てあげました。

実は、これは「**社員のモチベーション**」についても同じことが言えます。

経営者の側からすると、「仕事に対するモチベーションがあって当たり前」と考えがちです。

しかし今の若者の多くは、成長することを求めていないばかりか、**そもそも仕事に対するモチベーションを持ち合わせていないケース**が目立ちます。

これは経営者にとって、大きな悩みの種の1つと言えるでしょう。

いったいどうすれば、この問題をクリアできるのでしょうか？

僕が考えたのは、**社員のモチベーションに頼る経営を行わない**ことです。

なぜなら、社員のモチベーションに頼る経営をしていると、モチベーションが落ちた時に、会社の業績も必ず落ちてしまうからです。

そもそもモチベーションが高い人というのは、自分と同じモチベーションを周囲の人たちに求めます。

周囲が付いて来ないと、**「なぜ、自分ばかりがやらなければならないのか」**と周囲を非難し、お店を引っかき回して、最終的には辞めていきます。

ですから、僕はモチベーションの高い人を採用しません。

モチベーションのない社員でも成果を出せる仕組みを構築することが肝心です。

社員が成長しなくても、会社は成長できる！

僕に言わせれば、「社員の成長」＝「会社の成長」という考え方は、数あるうちの1つの固定概念にすぎません。

社員の成長やモチベーションに頼らなくても、会社の持続成長は可能です。

ではいったいどうすれば、そうしたものに頼らずに、会社の成長を持続させることができるのでしょうか?

次章では、いよいよ**1店舗目の立ち上げ**について、お話しします。

先ほどお話ししたように、ディアーズは僕にとって「壮大な実験」の場だったのですが、1店舗目の立ち上げで僕が実験をしたかったのは「**いかに社員の能力に頼らずに業績を伸ばせるか**」でした。

社員の能力に頼る経営をしていると、店舗を拡大していけるかどうかは、社員の能力次第ということになります。

スピーディに店舗を拡大させていくためには、社員の能力に頼らずに、いかに業績を伸ばしていくかが肝心だと考えました。

では、社員の能力に頼らずに、いかにしてお店の業績を伸ばしていったのでしょうか?

その点について、次章で詳しく解説します。

第１章のポイント

☑ 自分自身がカリスマ美容師でなければ、カリスマ美容師の従業員は集まらない。

☑ 一般的な美容室では、募集をかけても、疲れ切った美容師しか来ない。疲れ切った美容師たちが求めているのは「カリスマ美容師への道」ではない。

☑ 美容師がお店を辞めてしまう理由は「休みを取れない」「給料が少ない」「人間関係が気に入らない」の３点に集約される。これらを解決させる労働環境を整える。

☑「社員の成長」＝「会社の成長」という考え方は、数あるうちの１つの固定概念にすぎない。現在の若者の多くは、そもそも成長したいと思っていない。

☑ 社員の成長やモチベーションに頼らずに、いかに業績を伸ばしていくかを考える。

Dears for hair

第2章

社員の能力に頼らない！

0→1店舗

僕が従業員に求める「唯一のこと」

2015年5月、僕は地元の長野県にディアーズの1店舗目をオープンさせました。

先ほど書いたとおり、1店舗目で僕が実験をしたかったのは「社員の能力に頼らずに、いかにお店の業績を伸ばすことができるか」という点です。

まえがきで少し触れましたが、ディアーズでは来店されたお客様に対して、必ず「**次回の予約**」を促すようにしています。

最近では次回予約を取る美容室も増えてきていますが、まだまだ一般的ではないのが実情です。

美容室に行く方というのは、「そろそろ行こうかな」という時期になって初めて、電話やインターネットで予約を入れるのが一般的ではないでしょうか？

実は、僕は**「次回予約率」を何より重視**しています。

これ以外の数字はほとんど見ていないと言っても過言ではありませんし、従業員に唯一求めるのも、きちんと次回予約を取ることだけです。

なぜ、僕は次回予約を重視するのでしょうか？

第2章は、この点から話を始めましょう。

なぜ、次回予約率にこだわるのか？

ディアーズにおける新規のお客様の次回予約率がどれくらいかと言うと、**90%**を超えています。

つまり、新規でいらっしゃったお客様のうち、**10人に9人は、次回の予約を入れて帰宅される**ということです。

そうすると、**新規のお客様のリピート率はだいたい80〜85%**になります。

「新規のお客様の次回予約率が90%なのに、リピート率は80〜85%？　なぜ、5〜10%も下がるの？」

そのように思われるかもしれませんが、その理由は次回予約を入れても、**必ずキャンセルするお客様がいらっしゃる**からです。

例えば、10人とデートの約束をしたとしても、直前になって、1〜2人ぐらいは「やっぱり行けない」と言い出す方がいらっしゃいますよね？

それと同じことです。これは**原理原則**であって、次回の予約を入れたからといって、そのお客様が全員来店するということはありえないのです。

このようにディアーズの新規のお客様のリピート率は80%を超えていますが、ここで1つ質問です。

一般的な美容室の新規のお客様のリピート率というのは、だいたいどのくらいだと思いますか？

もちろん、お店によって異なりますが、**新規のお客様のリピート率が60％もいけば、かなり優秀な数字**であると言えます。

ディアーズのリピート率は80％以上ですから、数字の比較で言えば、**20％程度の差**ということになります。

「20％程度なら、そんなに大した差ではないのではないですか？」

ひょっとしたら、そのように思う方もいらっしゃるかもしれませんが、これは**ＬＴＶ（顧客生涯価値）に換算すると、2倍の違い**が出て来ることになります。

ＬＴＶは「**Life Time Value**」の頭文字をとった言葉で、「**顧客が生涯を通じて企業にもたらす利益**」のことを指します。

なぜ、リピート率20％の差が、ＬＴＶの2倍の差に繋がるのでしょうか？

例えば、バスタブに蛇口から同じ量の水を入れているとしましょう。

１００リットルの水を入れると、ディアーズのバスタブは、排水溝から毎回20

リットルのお水が出て行くことになります。

一方、一般的な美容室のバスタブからは、毎回40リットルのお水が出て行くことになります。

このようにリピート率で見れば、たった20％の差かもしれませんが、「**失客率**」という観点から眺めてみると、出て行くお水の量は2倍になります。

逆に言うと、ディアーズのバスタブには他店に比べて、**2倍のスピードでお客様が積み上がっていく**という計算になるのです。


僕はよく「**札束の殴り合い**」という話をするのですが、同じビジネスモデルが乱立した時に、生き残るためのポイントは「**競合他社優位性**」です。

例えば、1人のお客様を繋ぎ止めるために、どれくらいのお金をかけられるのか？

従業員1人の雇用に、どれくらいのお金を支払えるのか？

初期の段階から、そうした点を考慮してビジネスモデルを設計しなければなりません。

バスタブのイメージ図

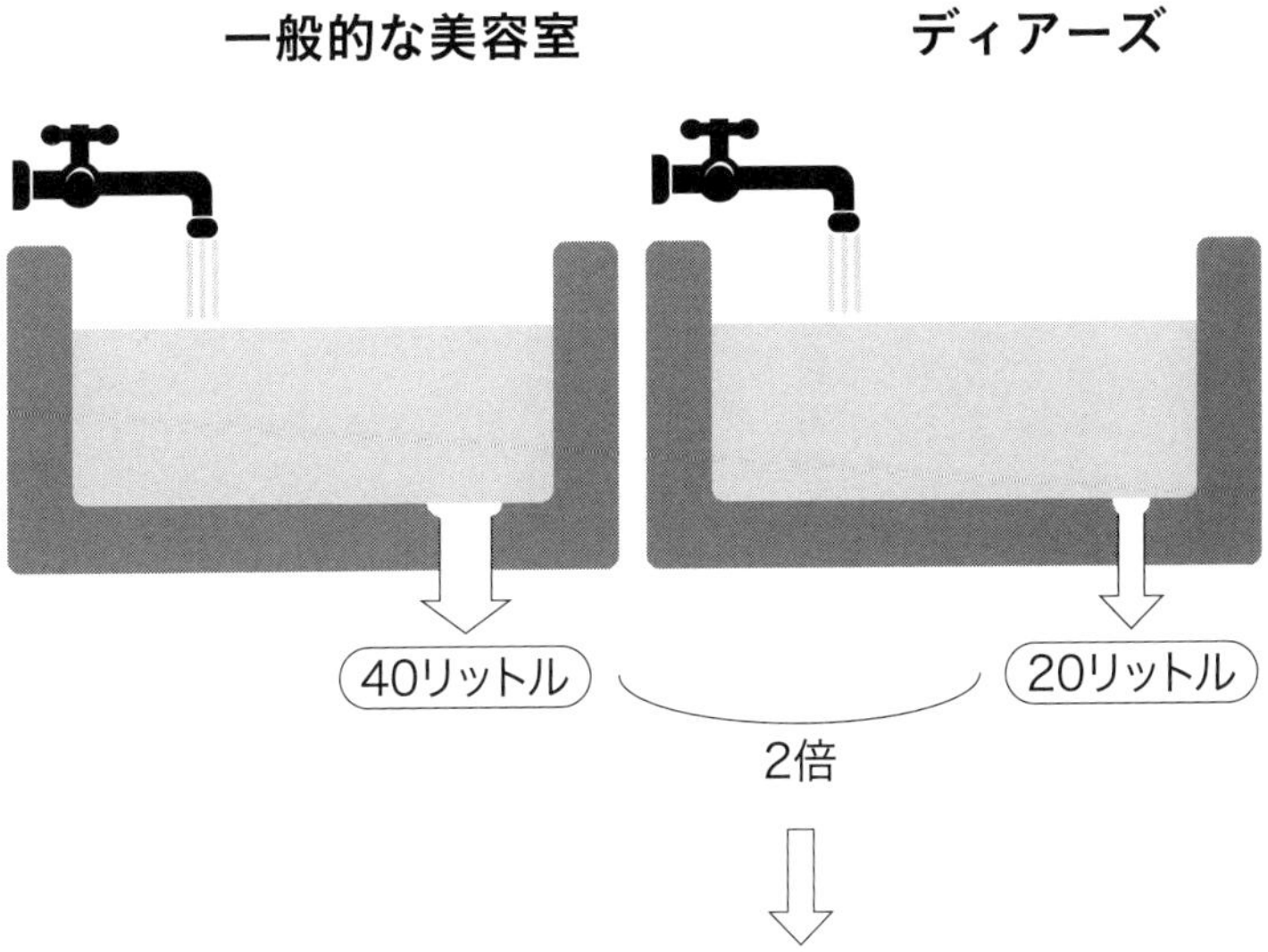

出て行くお水の量が２倍ということは、失客率が２倍ということ。つまり、ディアーズのバスタブには、２倍のスピードでお客様が積み上がっていく！

そうでないと、会社をスケール（事業規模を拡大）させた時に、一気に撤退せざるをえない事態に陥りかねません。

新規顧客の次回予約率を90％以上に保つことができれば、リピート率はゆうに80％を超えます。

その場合、競合他社に比べて、2倍のLTVを獲得することができます。

LTVが2倍ということは、つまり、**顧客獲得のための広告や従業員の雇用に2倍の費用をかけられる**ということです。

言い換えれば、それは「**競合他社に負ける要素がなくなる**」ということでもあります。

だからこそ、「**次回予約率90％以上**」という数字に、僕は何よりもこだわっているのです。

次回予約率90％以上の秘訣①　ホームページ

では、なぜ、ディアーズは次回予約率が高いのでしょうか？

いくつか理由はありますが、まず挙げられるのは**ホームページ**です。

ディアーズのホームページは、まず入口の段階で**「通うことを前提にしたお客様」を集めるライティング**にしています。


例えば、パーソナルトレーナーがマンツーマンで指導をしてくれるプライベートジムのＲＩＺＡＰ（以下、ライザップと表記）を思い浮かべてみてください。

有名な決めゼリフである「結果にコミット」でも分かるように、「１回だけでもいいから行ってみよう」というお客様は、ライザップにはほとんどいません。

お客様は**「自分は変わるんだ」**という意識チェンジをして、ライザップの門を叩くのが普通ではないでしょうか？

ディアーズも同じです。

お客様は「**時間をかけて髪の毛にキレイな艶を作るぞ**」とか「**キレイな髪になるぞ**」という意識を持ってディアーズにいらっしゃいますし、お客様にそういう意識を持っていただけるようなホームページにしています。

予約を入れた時点で、お客様は「**よほど嫌なことがない限りは通い続ける**」というマインドになっています。

そうした観点で、次のページをご覧ください。

これはディアーズの実際のホームページになりますが、キャッチコピーには「**あなたの髪が、キレイにまとまる艶髪へ。**」という文言を掲げています。

ディアーズに通うことで、お客様が得られるものは何か？

お客様のメリットを、まずは明確に示すようにしています。

一般的なサロンの場合、メニューや価格がトップに出てくることも多いのですが、ディアーズのホームページはそうした配置にはしていません。

あなたの髪が、キレイにまとまる艶髪へ。

Dears 唯一の髪質改善

×

キレイな髪へ導く艶髪サロン

Dears（ディアーズ）のホームページをご覧いただきありがとうございます。

当店は、髪をキレイにしたい女性が行き着く特別なサロンです。

まずはじめにお伝えしたいことは、今、髪にどんなお悩みがあっても、艶やかで美しい髪になれるということです。

ディアーズでは、ぱさつき、うねり、枝毛、まとまらない髪・・・そんなお客様の悩める髪を、誰もが憧れる艶髪へと導きます。

安心して任せていただけるように、専属スタイリストがマンツーマンであなたの髪をキレイにします。

他のお客様との同時進行はいたしません。

ご来店いただいたら、お悩み全てを把握できるように、特別なカウンセリングで丁寧にヒアリング。

その後、落ち着きある空間で施術をはじめます。

今までのヘアケアやトリートメントとは違い、髪がキレイになっていくのを実感いただけるでしょう。

例えば、「1万6500円（税込）」という価格をいきなり表示すると、「高いな」と思われて、ページを閉じられてしまう可能性があります。

そうした事態を避けるため、ディアーズのホームページは、**かなり先まで読み込んでいかないとメニューや価格が出てこない構成**になっています。

お客様にはページをじっくり読み込んでいただいた上で、「それならば通ってみようかな」と思っていただけるようなページ構成にしてあるのです。

ちなみにディアーズのホームページは、**ヒートマップ**（「ユーザーがホームページをどこまでスクロールして見たか」などを把握することができるマップ）を何度もチェックし、テストを繰り返して、ホームページの作り込みを行いました。

その後もユーザーの反応をもとに、**日々、最適化**を行っています。

「ディアーズさんと同じようなホームページにしてみたけれども、全然集客できません……」

たまに、そう言われることがあるのですが、日々、最適化を行っていますから、表面的にマネをするだけでは、同じような結果を出すのは難しいでしょう。

さて、一般的な美容室では、街中でチラシを配ったり、ポスティングをしたりしてお客様を集めています。

一方、ディアーズでは、従業員がチラシを配ったり、ポスティングをしたりすることはありません。

仮にポスティングをやるにしても2〜3年に1回ぐらいで、それも業者を使って行っています。

では、ディアーズがどのように集客をしているのかというと、**集客はほぼオンラインのみ**です。

リスティング、インスタグラム、ツイッター、フェイスブック、メールマガジンなど、あらゆる広告媒体を駆使して、お客様をホームページに誘導します。

エリア別（日本全国の各地域ごと）に、**費用対効果の高い媒体**に広告を出すことができるよう、**ＩＰアドレスの解析**まで徹底的に行っています。

そうして集めたお客様を各店舗、各従業員に割り振っていきます。

ですから、フランチャイズのオーナーや社員は、チラシを配ったり、ポスティングをしたりしてお客様を集める必要がありません。

もっと言えば、**集客のためのマーケティングを、フランチャイズのオーナーや社員が勉強する必要もありません。**

マーケティングについてはまたのちほど触れますが、ディアーズがオンラインのみで集客ができる秘訣は、前段階として「**ホームページの作り込み**」がその背景にあるのです。

求人募集のポイントは「気づかい」

今しがた「集客のページ」について説明しましたが、「**求人募集のページ**」についても、ここで触れておきましょう。次のページをご覧ください。

ディアーズの求人ページの構成

Dears
for hair

美容師の大切を支える。
それも Dearsの使命です。

美容室ディアーズの求人特設サイト
ディアーズで働く美容師に提供したい環境と想い

動画

マンガ

これが、ディアーズの「求人募集のページ」の構成です。

美容室の求人というのは、一般的に「給料」「勤務時間」「福利厚生」の3行だけでまとまっていることがほとんどです。

一方、ディアーズは、そうしたページとは**一線を画した作り**にしてあります。


このページのポイントは、**最初に動画を貼り付けている点**です。

文章を羅列した「集客のページ」とは対照的な作りと言えるでしょう。

なぜ、冒頭に動画を持ってくるのでしょうか？

もちろん、きちんとした理由があります。


求人を探す美容師が、いつ求人ページを見るのかというと、たいていは**仕事が終わったあと**になります。

勤務をして、疲れて帰宅したあとで、求人ページを開きます。

そうした人たちに、集客ページと同じような長々とした文章を突きつけたら、いったいどうなるでしょうか？

おそらく「読むのが面倒くさいな……」とか「今日は疲れているから、また今度にしよう」と思われて、ページを閉じられてしまうのがオチでしょう。

そうなると、ディアーズの求人ページを二度と開いてくれないかもしれません。

そうしたリスクを避けるために、ディアーズの求人ページは動画からスタートさせています。

動画であれば、ただ眺めているだけでも情報が入ってくるため、**疲れていても負担がかかりにくい**からです。

さらにポイントを挙げると、ディアーズの求人ページは、**現在働いている社員のインタビュー**を数多く採用しています。

なぜそうするのかと言うと、**「入社したあと」が具体的にイメージしやすくなる**からです。

離職が起こる理由の1つに**「自分のイメージ」と「現実」の違い**があります。

美容の専門学校の先生に話を聞くと、**卒業生の5割は1年後に美容師をやって**

いないそうですが、その大きな理由の1つは、自分のイメージと現実のギャップにあります。

会社やクラブなどの組織に入った際に、「いざ入ってみたら、イメージと全然違うな……」と感じた経験が、あなたにもあるのではないでしょうか？

実際に入社した人が、入社後にどのようになっているのかをインタビューで見せてあげれば、入社したあとに「**こんなはずじゃなかった……**」とはならないはずです。

ディアーズの求人ページに、社員のインタビュー動画を数多く掲載している背景には、実はそうした配慮があるのです。

次回予約率90％以上の秘訣② マニュアル

さて、少し話がそれましたが「次回予約」に話を戻しましょう。

実は、ディアーズの次回予約率が高い理由は、ホームページの作り込みだけではありません。

現場で使用している**マニュアル**にも、その秘密があります。

マニュアルに沿って話を進めていけば、**誰でも次回予約を90％以上**取ることができます。

なぜ、マニュアルだけで90％以上の次回予約を取ることができるのでしょうか？

その秘訣について、これからお話ししたいと思います。

マニュアルに限らないのですが、僕がよく言うのは、「**美容室は添加物がてんこ盛りである**」ということです。

食品における添加物であれば、イメージが湧きやすいと思いますが、「美容室における添加物」とは、いったい何でしょうか？

なかなかイメージしにくいと思いますので、分かりやすい例で説明しましょう。

例えば、あなたが今からタクシーに乗るとします。

あなたがタクシーの運転手さんに求めるものは、いったい何でしょうか？

僕の場合、タクシーの運転手さんに求めるのは、**「いち早く安全に目的地に連れて行ってもらうこと」**だけです。

ですから、ナビゲーションを見ながら、「どのルートを通って、何分ぐらいで目的地に到着するのか」だけを教えてくれれば、それで十分です。

乗車中は、会社の数字に目を通したり、メールをしたりしたいので、むやみに話しかけないでほしいというのが本音です。

にもかかわらず、多くの運転手さんは、こちらの都合などおかまいなしに「お仕事は何をされているんですか？」などと話しかけてきます。

無視するわけにいかないので、会話に応じますが、僕からすると**「放っておいてよ」**という話です。

それだけならまだしも、会話に夢中になった揚げ句に道を間違えて、時間もお金もロスする結果になると、本当に最悪としか言いようがありません。

なぜタクシーの運転手さんの話をしたのかというと、この事例は、そのまま美容室にも当てはまると思うからです。

なぜ、お客様は美容室にいらっしゃるのでしょうか？

それは、**髪をキレイにしてほしい**からです。

美容師は本来、その目的の達成だけに集中すればいいわけで、**それ以外は何もいらない**はずなのです。

にもかかわらず、ほとんどの美容師は、お客様にムダに話しかけます。

もちろん、僕はお客様との会話自体を否定するつもりはありません。

顔なじみになってくれれば、「会話をしてみたいな」と思うのが自然ですから、お客様の方から話しかけてくれるかもしれません。

そうした会話には、自然に応じてあげればいいと思います。

一方、初対面にもかかわらず、美容師の方からむやみに「**今日は天気がいいですね**」とか「**どこに住んでいらっしゃるんですか？**」などと話しかけるのは、いかがなものでしょうか？

「天気がいいのは、見れば分かるよ」

「初対面のあなたに、なぜ私が住んでいる場所を教えないといけないの？」

それが、お客様の偽らざる本音ではないでしょうか？

美容師から話しかけられた以上、お客様は会話をせざるをえません。

そうした**「会話をしなければならない」という強迫観念に不快感やストレスを抱えているお客様は、実はかなり多いのではないか**と思うのです。

誰も気づいていない「マニュアルの最重要ポイント」とは？

さて、ここまでをご理解いただいた上で、次のページをご覧ください。

これはディアーズで実際に使用している**マニュアルの一部**を抜粋したものです。

マニュアル（一部抜粋）

カウンセリングトーク①

①
本日担当させていただきます（フルネーム）です。

今からカウンセリングをしていきますので、よろしくお願いいたします。

お時間をいただきますので、手前の台に足をのせて伸ばしていただいたり、楽な姿勢でおくつろぎくださいませ。

また本日はカウンセリング･施術を含め、お伺いしたいこと、お伝えしたいことがたくさんあります。

伝え漏れがないように工程表に沿って、お話しさせていただきます。

そのため、下を向いて説明することも多く見受けられると思うのですが、お気になさらずに聞いてください。

②
当店ではお客様のご希望に沿って髪質改善させていただくため、お客様１人ひとりに合わせた天然の栄養分とお薬を調合しています。

最高の仕上がりにするためには、髪の状態を正しく把握し、その状態に合わせた調合が必要になります。

状態の判断を間違ってしまうと、髪質改善できなかったり、髪に負担がかかってしまいます。

状態を正しく知る上で、目で見て分かる部分と分からない部分があります。

正確な情報をいただきたいので、ご協力お願いいたします。

このマニュアルどおりにやれば、ほぼ間違いなく、**90%以上の次回予約**を取ることができます。

では、ここで質問です。

このマニュアルのどこに、次回予約を90%以上取ることができる秘訣があるのでしょうか？

ご覧いただければ分かるように、このマニュアルには、「**本日担当させていただきます（フルネーム）です**」とか、「**今からカウンセリングをしていきますので、よろしくお願いいたします**」といったありふれた文言しか書かれていません。

「なぜ、こんなマニュアルで次回予約を90%以上も取れるの？」

そのように思う方も多いのではないでしょうか？

一見、何の変哲もないマニュアルに思えるかもしれませんが、僕の狙《ねら》いは「マニュアルに書いてあること」ではなく、実は「**書いていないこと**」にあります。

「書いていないこと」にポイントがあるというのは、いったいどういうことなのでしょうか？

よく分からないと思いますので、具体的に説明しましょう。

先ほどのタクシーの運転手さんの話を思い出してください。

なぜ、僕がタクシーの運転手さんに腹を立てるのかと言うと、それは「**余計なこと**」を言うからです。

目的地にいち早く安全に運んでほしいだけなのに、「職業は何か？」とか「どんな用事なのか？」などと聞いてきます。

親しい間柄ならいざ知らず、見ず知らずの初対面で、しかも再会の可能性も限りなく低いのですから、僕からすれば、「**なぜ僕のプライベートにズカズカと踏み込んでくるの？**」という話なのです。

美容室でこうしたストレスをお客様に与えると、どうなるでしょうか？

当然、**次回の予約率は下がってしまう**ことでしょう。
クレームにも繋がりかねません。

そこでもう一度、先ほどのマニュアルをご覧ください。

このマニュアルには、業務に必要なこと以外は一切書かれていません。

例えば「今日は天気がいいですね」とか「どこに住んでいらっしゃるんですか？」などとは書かれていません。

マニュアルどおりに接客をすれば、そこに書かれていないことは、一切言わなくなります。

それこそが、**僕の真の狙い**です。

ここまでをご理解いただければ、マニュアルのポイントが「書かれていること」ではなく、「書かれていないこと」にあるという意味がお分かりいただけるのではないでしょうか？

大事なので繰り返しますが、マニュアルに書かれていない「余計なこと」を言う必要はありません。

マニュアルのメリットは、マニュアルどおりに仕事を進めることによって、余計なことを言わなくなるという点にあるのです。

「そうしたマニュアルだと、どうしても無味乾燥な会話になってしまう気がしますが……」

ひょっとしたら、そのように感じる方がいらっしゃるかもしれませんが、そうした方は、**ホテルのフロント**を思い浮かべてみてください。

ホテルのフロントの方々は、基本的に必要最小限のことしか言いませんが、そうした会話に嫌悪感を持つ人は、ほとんどいないのではないでしょうか？

なぜ、ホテルのフロントに嫌悪感を抱かないのかと言えば、それは**余計なことを言わない**からです。

シンプルであっても、サービスとしては、それで十分に事足ります。

美容室も同じです。

美容室には「ムダな会話」という添加物がてんこ盛りになっていますが、**本来はもっとシンプルでいいはず**なのです。

どうすれば、次回予約率を高めることができるのか？

そのためには、「余計なことを言ったがために地雷を踏んで、お客様が来なくなってしまった」という事態だけは避けなければなりません。

ムダなことを聞かない方が、地雷を踏まなくて済みます。

だからこそ、接客は「**マニュアルどおり**」でいいのです。

強引な売り込みはストレスしか生まない！

そもそもなぜ、美容師はむやみやたらとお客様に話しかけるのでしょうか？

それは、店長などの「**上の人たち**」から求められるからです。

従業員が上の人たちからよく言われるのは、**「お客様を盛り上げなさい」**ということです。

僕からすると、「盛り上げるって何？　お祭りか？」と思ってしまうのですが、上から「盛り上げろ」と言われれば、従業員は無理矢理にでも、お客様に話しかけるしかありません。

なぜ、お客様を盛り上げなければならないのでしょうか？

その理由は、盛り上げることによって関係性を築き、**商品の販売やリピートに繋げたい**からです。

例えば、美容室に行って、**「表示された価格は安かったのに、終わってみたら、ずいぶん高くついてしまったな……」**と感じた経験はないでしょうか？

来店後、美容師の言葉に乗せられて、「あれもこれも」とメニューを足されていくうちに、思わぬ金額を請求されてしまう……。

そうしたことは、美容室では日常茶飯事です。

露骨にやりすぎると、**クレーム**になることもあります。

経営戦略上、客単価を上げなければならない美容室からすれば、仕方のない面もあるかもしれません。

しかし、お客様からすれば、来店後にどんどん金額を足されていくのは、不安材料にしかならないのではないでしょうか？

一方、強引な売り込みは、**美容師にとっても嫌なもの**です。

美容師からすれば、お客様の髪をキレイにしたいだけなのに、セールスパーソンの役割まで担わされるのは、ストレス以外の何物でもありません。

このように、多くの美容室は本来の目的から逸脱して、添加物がてんこ盛りの状態になってしまっています。

そして、お客様と美容師、双方に莫大なストレスがかかる状況に陥ってしまっているのです。

では、こうした状況を打破して、**お互いがストレスフリーになるためには、いったいどうしたらいいのでしょうか？**

ストレスフリーだからこそ、「サステイナブル（持続可能）な経営」になる！

まず、お店の側ができることを考えてみましょう。

お客様にとっては、来店後に金額が上がることがストレスなわけです。

それを解決するためには、いったいどうしたらいいでしょうか？

最も簡単な解決方法は、**一番価格が高い「フルコースのメニュー」しか提示しないこと**です。

実際にディアーズのホームページをご覧いただければ分かりますが、ホームページで提示しているのは**1万6500円（税込）のメニューのみ**です。

ですから、来店後に安くなることはあっても、これ以上の価格になることはありません。

そのことにより、お客様は「メニューを足される」「価格が上がる」というストレスから解放されることになります。

一方、この価格表示は、**従業員にとってもメリット**です。

無理な売り込みをしなくていいわけですから、「売り込まなければならない」というストレスから解放されることになります。

こうして一番高いフルコースのメニューしか提示しないことによって、お客様と従業員、双方のストレスを解消させることができます。

フルコースのメニューしか提示しないことで、お店の側からしても「上位顧客」のみを集めることができますから、一石二鳥ならぬ一石三鳥と言えるでしょう。

ストレスを感じさせないからこそ、お客様はお店に通い続けてくれます。

一方、従業員の方も無理なく仕事ができるからこそ、転職せずに働き続けてくれます。

こうした**お客様にも従業員にも無理をさせない、我慢をさせないスタイル**が、現代流に言えば、「**サステイナブル（持続可能）な経営**」へと繋がっていくのではないでしょうか？

従業員が辞めず、お客様が通い続けてくれるからこそ、お店は持続的に経営を続けていくことができるのです。

売れない美容師は何が不足しているのか？

さて、ここまでマニュアルの話をしてきましたが、ここで少し視点を変えてみましょう。

「余計なことを言う」以外に、売れない美容師が売上を上げることができない原因は、いったいどこにあるのでしょうか？

技術が悪いのでしょうか？　それとも、接客の態度が悪いのでしょうか？

理由は様々考えられますが、僕が考える大きな理由の１つは「**マーケティング**

力の不足」です。

マーケティングの知識が不足し、実践を疎かにしているから、お客様を集めることができず、結果として、低水準の売上に甘んじているのです。

美容師というのは、とかく「ハサミの技術」や「接客のスキル」さえ磨けば、それだけでお客様が集まると考えがちです。

しかし、実際には、それだけではお客様は集まりません。

お客様を集めるためには「**いかに集客をするか**」が大事であって、そのためには**マーケティングの知識やトレーニングが必要不可欠**になります。

にもかかわらず、専門学校でも職場でも、美容師はマーケティングを学び、トレーニングをする機会が一切ありません。

お客様を集めるためには、マーケティングが必要不可欠なのに、**そもそも必要だということすら知らない美容師**が世の中にはたくさんいます。

そうした人たちは「なぜお客様が集まらないのか？」「自分にはご縁がないのかも……」「そもそも運がない……」などと、日々悩んでいます。

僕はそうした美容師たちに、**マーケティングを一切勉強しなくても、売上を上げられるような設計**を作り上げています。

先ほどお話ししたように、集客はほぼオンライン上で行いますから、社員はチラシを配ったり、ポスティングをしたりする必要はありません。

社員は集客の努力をしなくても、お客様が付きます。そうして付いたお客様に対して、あとはマニュアルどおりに接客をしていくだけです。

そうすれば、仮に他のお店で月30万円しか売上を上げることができない人でも、ディアーズでは月80~100万円の売上を上げられるようになります。

「そのままのあなたでいいよ」
「ディアーズであれば、きちんと売上を上げることができるよ」

僕が社員にそのように言ってあげることができるのは、**そう言える仕組みをきちんと設計しているから**です。

こうした仕組みを構築しているからこそ、「疲れ切った美容師」というカードでも勝つことができるのです。

ディアーズで「独立のノウハウ」は身につかない！

「マーケティングの知識なしに売上を上げられるシステムを会社で作るよりも、社員1人ひとりにマーケティングを勉強してもらった方が早いのではないか？」

そのように思う方もいらっしゃるかもしれませんが、理詰めで考えていけば、この問いには自ずと答えが出ます。

プロセスを追って考えてみましょう。

仮にすごく意欲的で、マーケティングをガンガン勉強して、月100〜

200万円の売上を上げられるようになったとします。

その美容師は、いったいどうするでしょうか？

間違いなく独立します。

なぜなら会社で給料をもらうよりも、自分でお店をやった方が、はるかに儲《もう》かるからです。

独立すれば、上司にうるさく言われることもなく、全てを自分の思いどおりにすることができます。

かつての僕がそうだったように、こうなると独立をしない理由がありません。

そして社員の離職は、そのまま**会社の業績低迷**に繋がります。

そうした形で考えていくと、明確な答えが出てきます。

会社をスケール（事業規模を拡大）させていくためには、個々の社員にマーケティングの勉強を施すのではなく、「**社員がマーケティングの勉強をしなくても、お客様が集まるシステム**」を会社で構築するしか道はありません。

僕は、社員がマーケティングを一切勉強しなくても売上を上げられるシステムを作り上げていますが、言い換えれば、これは「**社員にマーケティングを勉強する努力をさせない**」ということでもあります。

ディアーズの面接に来る人たちに、僕はよく次のように言っています。

「**ディアーズに来ても、独立するためのノウハウは身につかないよ**」

言うなれば、ディアーズでは「集客努力」を必要としません。

社員は待っているだけで、お客様が付くわけですから、**自分で集客できる知識やスキルは基本的に身につかない**のです。

「2店舗目の課題」とは？

さて、こうした形で僕は集客のシステムとマニュアルを作成し、社員の能力に頼らずにお店の業績を伸ばせることを1店舗目で確認しました。

そうなると、次は**2店舗目の立ち上げ**になります。

2店舗目で課題になるのは「**店長**」です。

1店舗目の店長は僕自身が務めましたが、2店舗目になると、そのお店に「**管理者として誰を置くのか**」という話になります。

結論から言うと、僕は「**店長を置かない**」という選択をしたのですが、なぜ店長を置かなかったのでしょうか？

次章で詳しく解説します。

第2章のポイント

☑ 次回予約率90%以上（リピート率80～85%）にこだわる理由は、リピート率20％の差が、LTV（顧客生涯価値）で2倍の差になるからである。

☑ ディアーズがオンラインのみで集客できる秘訣は、「ホームページの作り込み」が背景にある。表面的にマネをしても、同じ結果は出ない。

☑ 求人募集のページは、動画がポイント。動画ならば、仕事が終わったあとの疲れている人でも見ることができる。

☑ 次回予約率が高い秘訣は「マニュアル」にある。マニュアルどおりに接客をすれば、マニュアルに書かれていない「余計なこと」を言わなくなる。美容室の会話はシンプルが一番。

☑ お客様と従業員、双方に我慢をさせないスタイルが「サステイナブル（持続可能）な経営」へと繋がる。

Dears for hair

第3章

店長はいらない！

1→2店舗

「管理者ゼロ」の理由とは？

先ほど第2章の最後でお話ししましたが、2店舗目の課題は「**管理者をどうするか**」ということでした。

管理者を置くべきか、それとも置かざるべきか？

僕がどのような考え方で「**管理者を置かない**」という結論に至ったのか、まずはそのプロセスについてお話ししたいと思います。

「事業にとって一番大事なポイントは何か」を考えてみると、それは「**業績が伸びるか伸びないか**」です。

ですから管理者を置くべきか、それとも置かざるべきかというのは本来、そのゴールから逆算して考えるべき問題であるはずです。

にもかかわらず、多くの経営者は自らが目指すゴールを意識することなく、「管理者は必要不可欠」という前提にとらわれて、ただやみくもに管理者を置いていないでしょうか？

いち早く業績を伸ばすために、本当に管理者は必要なのでしょうか？

一度、突き詰めて考えてみる必要があると思います。

この点を突き詰めて考えた結果、僕は「**管理者はいらない**」という結論に至りました。

管理者というのは、経営者にとって、いわば「**分身**」のような存在です。

自分の分身を育てるためには、それなりの年月をかけなければなりません。

この時、僕が考えたのは「会社を成長させていくスピード」に「管理者を育てるスピード」が追いつかないのではないかということでした。

例えば、1人の店長（管理者）を育てるために2〜3年の歳月がかかるとしましょう。

そうすると、店長を育てるのに必要な2～3年のうちは、店舗を拡大できないということになります。

1～2店舗の拡大ならまだしも、100店舗以上のお店に店長を置くとすると、店長の育成にどれくらい時間をかければいいのでしょうか？

僕には、想像がつきませんでした。

少なくともたった数年で、それだけの人数の店長を育て上げるのは事実上、不可能と言えるでしょう。

つまり、**店長の育成を中心に据えると、会社をスケール（事業規模を拡大）させるスピードが大幅に落ち込んでしまうことになる**のです。

なぜ、時代の変化に食らいついていけるのか？

また管理者を置くと、会社をスケールさせるスピードだけでなく、**意思決定のスピード**も遅くなります。

以前に勤めていたサロンで、僕は3つの店舗を管理するエリアマネージャーでしたが、たった3店舗であっても、何かを決める際には、必ず各店舗の店長の承認をもらわなければなりませんでした。

「こういうことをやろうと思うんだけれども、意見を合わせられる？」

何をやるにしても、そうした形で必ず店長に意見を聞いていました。

各店舗に管理者である店長が置かれていると、その意見を聞かざるをえませんが、意見の擦り合わせには、どうしても時間がかかってしまいます。

そうすると意思決定のスピードも遅くなり、**アイデアを実行するのがワンテンポ、ツーテンポと遅れてしまう**ことになるのです。

なぜ、ディアーズは時代に取り残されずに、食らいついていくことができるのでしょうか？

それは**僕のトップダウンで迅速に決定を下し、全ての案件にリーチをかけていくから**です。

僕が他の誰よりも、ディアーズの将来のことを考えています。

誰よりも詳細にデータを分析し、誰よりもディアーズ全体を見渡しているのは、僕です。

たしかに現場の意見というのは、とても貴重です。

ですが、その一方で、現場の店長や従業員というのは、あくまでも店舗経営の「**一側面**」しか見ることができません。

何が言いたいのかと言うと、**店長や従業員が考えつくレベルのことは、僕自身がすでに考えている**ということです。

従業員時代、僕はマネージャーとして「キッズカットをやめるべきだ」とオーナーに提言しましたが、1人の従業員の意見によって、その提案が却下されてしまったことは、すでにお話ししました。

ディアーズの組織図

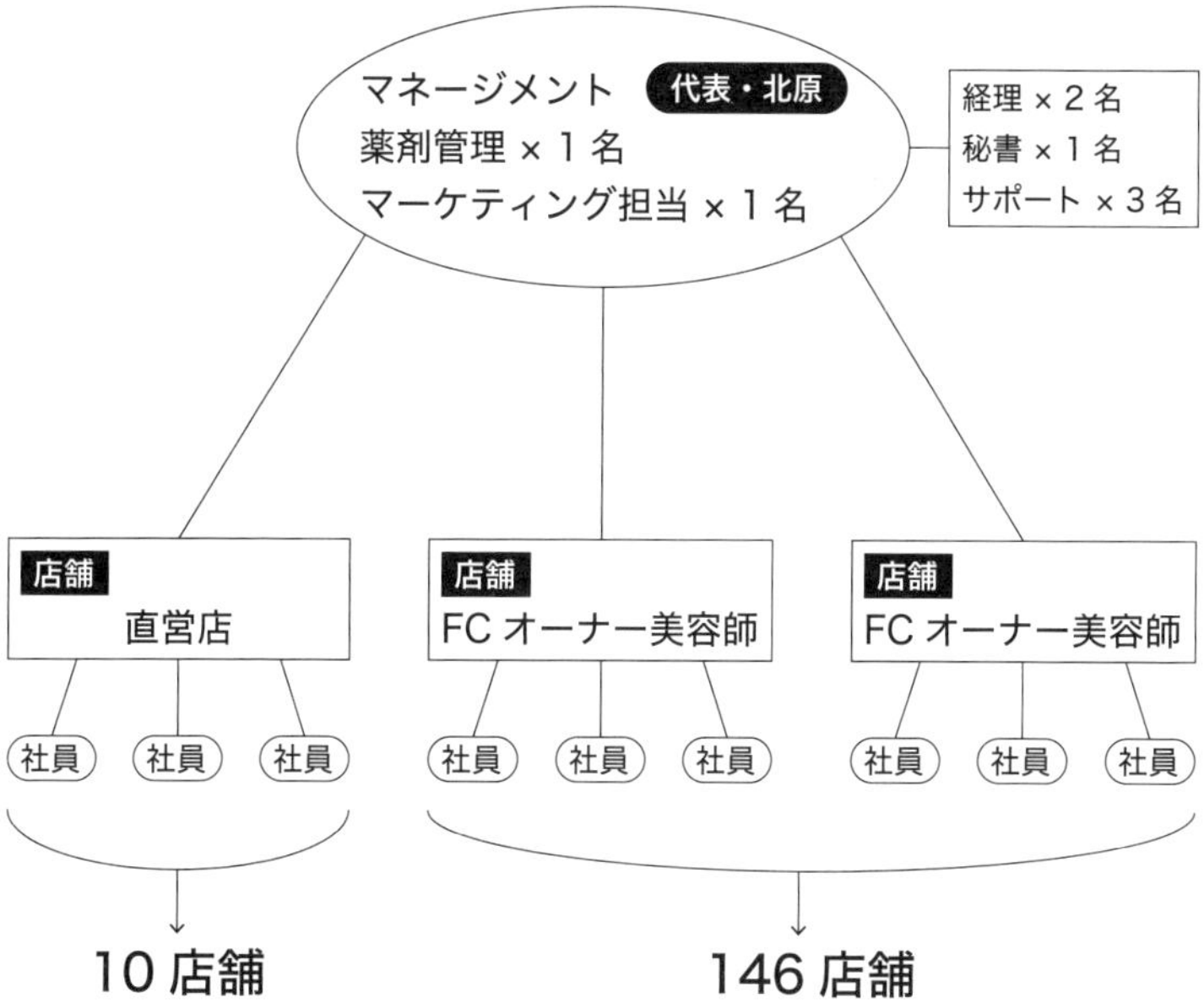
マネージメント
代表・北原
薬剤管理 × 1 名
マーケティング担当 × 1 名
経理 × 2 名
秘書 × 1 名
サポート × 3 名
店舗
直営店
店舗
FC オーナー美容師
店舗
FC オーナー美容師
社員
社員
社員
社員
社員
社員
社員
社員
社員
10 店舗
(2021 年 6 月現在)
146 店舗
(2021 年 6 月現在)

客観的な数字を見れば、キッズカットをやめるというのが合理的な判断であったはずですが、現場の意見を優先して、経営者が経営判断を下すのはよくあるケースです。

もちろん、僕はその決定自体を否定するつもりはありません。

否定はしませんが、変化の激しい時代において、現場の意見を調整しながら意思決定をしていると、時代の波に取り残されてしまうことになりかねません。

ディアーズでは、僕がトップダウンで全ての決定を下すようにしています。

だからこそ、時代の波にのまれずに、食らいついて行くことができるのです。

トップダウンで判断を下すために必要なこと

では、時代の変化の波にのまれないよう、経営者が「**間違いのない経営判断**」をトップダウンで下すために必要なこととは、いったい何なのでしょうか？

従業員時代、最初に入店したお店で、僕は給料8万円からのスタートでしたが、そうした環境下でも、1つだけ絶対に欠かさなかったことがあります。

それは「**自己投資**」です。

これからの時代、経営者に求められるのは、月並みな言い方かもしれませんが、**誰よりも勉強する**ことだと思います。

従業員時代、僕の給料は8万円しかありませんでしたが、その中でも、僕は自己投資を怠りませんでした。

講習会に出たり、マーケティングの勉強をするために教材を買ったりということが重なって、**3枚のクレジットカードが借り入れ限度額**までいってしまったこともありました。

給料をいただいた瞬間に、すぐに次の支払いが来るので、一度だけですが、家賃を払えずに、親に泣きついたこともあるくらいです。

当時住んでいた家の家賃は格安の3万4000円でしたが、たったそれだけの家賃を払えないほど、困窮していた時期もありました。

ですが、そうした状況下でも自己投資を欠かさなかったからこそ、今があると感じています。

みんなの意見を聞くのは、もちろん素晴らしいことです。

ですがトップが勉強をしまくっているのであれば、経営判断において、**必ずしもみんなの意見を集約する必要はない**と思います。

みんなの意見を聞くというのは、裏を返せば、**トップとしての決定力の弱さの証**とも言えるのではないでしょうか？

厳しい言い方をすれば、みんなに聞くのは、決定力がないから聞く、決められない、確認を取らないと進められないだけのようにしか僕には思えないのです。

店長にお店を任せる「デメリット」とは？

これまでにお話ししてきたとおり、管理者を置くことで、会社をスケールさせるスピードだけでなく、意思決定のスピードも落ちることになります。

それでもなぜ、美容室の経営者がお店に店長を置くのかと言えば、それは「自分の分身」として、自分の代わりにお店の全てを任せたいからでしょう。

店長を置くことでお店がうまく回ればいいのですが、僕の経験上、**店長にお店を任せることで、逆にお店がダメになるケースも多い**と感じています。


例えば「店長の力量」に依存したお店作りを進めていると、そこにはどうしても「**店長の個性**」が入り始めます。

そうすると、「経営者が目指す方向性」と「店長が目指す方向性」が食い違う可能性が出てきます。

この乖離が大きくなると、店長が従業員をごっそり引き連れて独立するような事態になりかねません。


こうしたケースは美容室に限らず、**一般の会社でも十分に起こりうる**ことです。

例えば、力をつけた部長や課長が、経営者の言うことを聞かず、部下を引き連れて会社を辞めてしまうというケースは、一般の会社でも頻繁に起こっているのではないでしょうか？

店長にお店を任せるということは、言い換えれば、「店長の個性」を中心にお店のバランスが作られるということです。

そうすると店長が抜けた瞬間、積み木ゲームの「**ジェンガ**」のように、全てのバランスが崩れさってしまうケースも少なくありません。

こうなると後釜が大変です。

全てを任せたいから管理者を置くのに、任せることで、逆にトラブルに発展してしまうケースも実は多いのです。

誤解を生まないよう、あえて付け加えておきますが、僕は店長の存在自体を否定しているわけではありません。

実際、店長に任せることでうまくいっているお店はたくさんありますし、僕自身、店長を経験できたからこそ、今があります。

ここで僕が言いたいのは、**店長を置くのであれば、メリットだけでなく、デメリットにもしっかり目を向けなければならない**ということなのです。

管理者不在でも問題が起こらない仕組みを作る！

さて、以上は経営者の側から眺めた管理者についてですが、逆に従業員の側から、管理者を眺めてみましょう。

例えば、あなたが新入社員だった頃を思い出してみてください。

直属の上司のことを、あなたはどのように感じていたでしょうか？

例えば、上司がずっと自分の仕事を監視していると、仕事がやりにくくて仕方がなかったのではないでしょうか？

社員たちに「僕がもっと現場に行った方がいいかな？」と聞くと、だいたい次のように言われます。

「いや、いいです。緊張するから来ないでください」

僕は、これが答えだと思います。

経営者の中には「管理者を置かないと、従業員が離職してしまうのではないか」と心配する方もいらっしゃいますが、真実はその逆です。

管理者が不在だからといって、従業員が離職することはありません。

従業員の立場からすれば、経営者やマネージャーといった管理者はどちらかと言うと**緊張を生む存在**で、マニュアルやルール、仕組みがしっかり機能していれば、不在の方がのびのびと仕事ができるものなのです。

もしも管理者を置かないとすれば、経営者に求められるのは、**管理者がいなくても問題が起こらないような仕組みを設計する**ことです。

では、そうした仕組みは、いったいどのように設計すればいいのでしょうか？

第1章で少し触れましたが、最近、僕が作る店舗は基本的に全て**「個室サロン」**にしています。

FCの場合、途中加盟の店舗もあるので、個室にならない場合もありますが、今後、僕はできる限り個室の店舗を増やしていこうと考えています。

新型コロナウイルスの影響で、お客様は**「非接触」**を求める傾向がありますから、今後、個室のサロンはますますクローズアップされることでしょう。

例えば、経営者の中には、次のようにおっしゃる方がいらっしゃいます。

「個室サロンを作りたいから、ぜひ北原さんのお店を参考にさせていただきたい。個室って、**お客様目線で最高**ですよね」

たしかにおっしゃるとおりで、お客様目線で見ると、個室サロンは非常に魅力的と言えるでしょう。

しかし、**僕の本当の狙いは、実は違うところ**にあります。

ですから「お客様目線で最高ですね」と言われると、生意気かもしれませんが、「**大事なことを見落としているな**」と感じてしまいます。

なぜ、個室にこだわるのでしょうか？

僕が「個室サロン」にこだわる理由

僕が個室サロンにこだわるのは、従業員が「**個々で仕事を完結させる仕組み**」を作りたいからです。

個室にして、施術のスペースを区切ってしまうことで、「**従業員同士がコミュニケーションを取らなくても機能する仕組み**」を作り上げています。

第1章で、「人間関係が大事だからこそ、あえて距離を詰めないという考え方が大事である」という主旨の話をしましたが、個室にすることで、従業員同士の「**適切な距離**」を保つことができるのです。

このスタイルであれば、管理者は基本的に不要です。

また個室サロンにすることによって、**従業員のストレスレベルを極限まで削減**することもできます。

なぜ個室にすると、従業員のストレスを減らすことができるのでしょうか？

例えば、個室の場合、自分が使ったところだけを掃除して、片づけが終われば帰宅できます。

他人が汚した場所を片づけたり、仕事を終えるのを待っていたりする必要がありませんから、余計なストレスがなくなります。


何より、美容師は**技術職**です。

隣の人の仕事が目に入ると、「**どうしてそんなカットにするの？**」といった形で、どうしてもイラッとしてしまうことがあります。

僕は出版の世界のことはよく分かりませんが、出版の世界だと、他の編集者が作った本を見て、「何でこんなタイトルにしたの？」とか「違うデザインにした方がもっと売れるのに……」といったところではないでしょうか？

技術職に就いていらっしゃる方は、こうした感覚をご理解いただけるのではないかと思います。

本来、お客様が喜んでいれば、それでＯＫのはずです。

しかし、技術職の人間というのは、どうしても**自分の世界観を他人に押し付けてしまいがち**です。

それが、人間関係の悪化に繋がります。

これが個室になれば、他人の仕事は目に見えなくなりますから、そうした余計なストレスからは解放されるというわけです。

なぜ、僕が従業員のストレス削減にこだわるのか？

それはストレスをなくすことによって、**従業員の離職が起こりにくい職場環境**を整えることが可能になるからです。

重要なので繰り返しますが、会社をスケールさせたい場合、従業員を辞めさせないことが、まず何よりも肝心なのです。

ミーティングをなくしても、業績を伸ばし続けることは可能か？

美容室の店長の重要な仕事の1つに「ミーティングの仕切り」があります。

序章でお話ししたとおり、ディアーズは現場でのミーティングを一切しません。

なぜ、ミーティングをしないのでしょうか？

従業員同士であえて結束する必要がないことはすでに述べたとおりですが、何より**「ミーティングによってお店の業績が伸びた」と感じたことが、過去に一度もない**からです。


本来、ミーティングの目的は、お店の業績を伸ばすことにあるはずです。

にもかかわらず、お店の業績に寄与しないばかりか、意味もなく「経営理念」を復唱させたり、自分の仕事の内容を報告させたりするミーティングに、はたして意味はあるのでしょうか？

通常のサロンでは朝礼や終礼を行うのが一般的ですが、「お店の業績を伸ばす」という目的からはかけ離れて、**儀式化**してしまっているケースがほとんどではないかと思います。

長々としたミーティングのデメリットは、時間ばかりが取られて、**従業員のストレスの温床**になりかねない点です。

終礼があると、仮に仕事が終わったとしても、従業員は終礼が終わるまで帰れません。

例えば22時に営業を終えて、「早く帰りたいな」と思っているのに、そこから1~2時間のミーティングを入れられたら、たまったものではありません。

それなら早く帰らせて、明日の仕事のための英気を養ってくれた方が、よほどお店の業績に寄与するのではないでしょうか?

疲れ切った姿で接客するよりも、元気な姿を見せた方が、お客様は喜んでくれるはずです。

店長からすれば、慣例として、終礼後のミーティングをやっているのかもしれませんが、そんなに遅い時間まで話し合わなければならないことは、そもそもないはずです。

「ゴメン。今から30分だけでいいから、ズームで話ができる？　残業代は別途で支払うから」

仮に重要な議題であっても、こうした形で十分ではないでしょうか？

繰り返しますが、ミーティングは本来、お店の業績を伸ばすためのものであるはずです。

にもかかわらず、ミーティングを繰り返すことで社員が疲弊して、結果的に離職してしまうようだと、かえってお店の業績が落ちてしまい、本末転倒になりかねません。

そうした観点から、ディアーズでは現場のミーティングは一切行いませんが、**会社の業績は右肩上がり**です。

ミーティングをしなくても、お店の業績は伸ばせる。
これが僕の結論です。

社員の管理は「週報」だけでいい！

美容室において、店長を置かないということは、オーナー自身が従業員を管理しなければならないということです。
では、僕自身はどうやって、現場の社員を管理しているのでしょうか？

僕が主に活用しているのは**「週報」**です。
通常のサロンでは「日報」を書くのが一般的ですが、僕は「週報」を採用しています。
次のページのサンプルをご覧ください。
ご覧のとおり、非常にシンプルです。

週報のサンプル

【週報】
●マニュアルの徹底ができましたか？

できました

●お客様への言葉遣いは意識できましたか？

できました

●お客様との距離感は意識できましたか？
※慣れない、生活を詮索する質問をしない、等の視点

できました

●スタッフ同士、お互いを大切に尊重し気を配ることができましたか？

できました

●全体を見ての報告をお願いします。

４年ほど経つので、お店も汚れてきたり、修理が必要なものもいくつか出てきました。お客様に快適に過ごしていただけるようキレイにお店を使っていきたいと思いました。

ほとんどの質問事項は「マニュアルの徹底ができましたか？」とか「お客様への言葉遣いは意識できましたか？」といった**「YES」「NO」で答えられるシンプルなもの**です。

お店の社員が4人の場合、週報はローテーションで回しますから、1人の社員が担当するのは1カ月に1回ということになります。

基本的に「YES」と「NO」で簡単に答えられる質問なので、コピー&ペーストで処理をしている社員も多いのではないかと思います。

「コピー&ペーストでも済むような週報を書かせて、何か意味があるんですか？」

そのように思われるかもしれませんが、いくら口を酸っぱくして、「マニュアルが大切ですよ」と言っても、**時間が経てば、人間は忘れてしまう**ものです。

例えば、「車の運転は慣れてきた時が一番危ない」とよく言われますが、仕事にも同じことが言えます。

慣れてきた時にこそ、魔が差して、一番大切なことを忘れがちになるものなのです。慣れることほど怖いものはありません。

そうした慣れを防ぐため、たとえ週1回でもいいので、こうした質問事項に答えさせることで**「マニュアルを徹底しなければならない」「お客様への言葉遣いを徹底しなければならない」**ということを、改めて社員たちに意識させるようにしています。

本当に大事なことは、「一度言ったから大丈夫だろう」ではなくて、何度もしつこく徹底させる必要があるのです。

週報によってマニュアルを徹底させて、社員を管理していく。

これが僕のやり方です。

現在、直営店の社員は35名、店舗は10店舗ありますが、このやり方で、**顧客関係のトラブルが起きたのは5年間でわずか2件**しかありません。

その2件のお客様も、真摯《しんし》に対応させていただき、いまだに通い続けてくださっています。

周囲からすれば、「ずいぶんゆるいな」と思われてしまうかもしれませんが、社員の管理はこれくらいで十分だと僕自身は感じています。

人を育てる極意「鉄は熱い時に叩け」

さて、こうした形で僕は従業員の管理を行っていますが、この章の最後に「**人を育てる**」という点について、僕の持論を述べておきたいと思います。

従業員時代、僕は店長として、必死に部下を育てようとしました。

厳しくすると辞めてしまうので、おだてながら育てようと試みましたが、それだと逆に育たないというジレンマを抱えることになりました。

そうして一周回って気づいたのは、**結局のところ、人を育てることはできない**ということです。

根底として、人は変わらない生き物だし、価値観だって、そうそう変わるものではありません。
人が育つのは、その人が勝手に育つのであって、僕らにできることがあるとすれば、**成長を後押ししてあげることだけ**です。
第1章でお話ししたとおり、成長を望んでいない人に対して、成長することを押し付けても、それはストレスにしかなりません。
あまりに度が過ぎると、今の時代は「**パワーハラスメント**」として訴えられかねません。

昔から「鉄は熱いうちに打て」という諺《ことわざ》がありますが、僕は「**鉄は熱い時に叩け**」が正しいと思っています。

「『熱いうちに』と『熱い時に』で、どこがどう違うの?」

そのように思われるかもしれませんが、「熱いうちに」という言葉には、「鉄は熱くなることが前提である」という意味合いが含まれているように感じます。

一方、「熱い時に」というのは、文字どおり「熱い時」であって、鉄が熱くなるかどうかは分かりません。

例えば、「成長こそが君の幸せに繋がるんだ」といくら言っても、その言葉に熱くなるか、熱くならないかは、**その人次第**です。

そもそも成長したいと思っていない人からすれば、「成長こそが君の幸せに繋がるんだ」と言われてもピンと来ないでしょうし、その言葉に揺さぶられて、心が熱くなることもないでしょう。

熱くなるかどうかは分からない。でも仮に熱くなったとしたら、その時には、その人を叩いてあげればいい。「鉄は熱い時に叩け」という言葉には、そうした意味合いが込められています。

「北原さんって、けっこうドライですよね」

最近は、人からそのように言われてしまうことがあります。

たしかに僕の言動はドライに感じられるかもしれませんが、僕からすると「**ただ熱ければいいというものではない**」という考え方が前提としてあるのです。

「3店舗目の課題」とは？

さて、2店舗目で、僕は「店長不在でもお店の業績を伸ばすことができる」という点を確認し、クリアすることができました。

次は**3店舗目**になりますが、3店舗目の課題は「**1店舗目と2店舗目でできたことが、新規のエリアでも通用するのか**」という点でした。

いわば「**再現性**」が3店舗目の課題で、この点をクリアできれば、一気に店舗を広げていくことが可能になります。

では、僕は3店舗目をどのように構築していったのでしょうか？

次章で詳しく解説します。

第３章のポイント

☑ 店長は、言わば経営者の分身。分身を育てるのには、時間がかかる。

☑ 店長の育成を中心に考えると、会社をスケール（事業規模を拡大）させるスピードが大幅に落ちてしまう。

☑ 店長を置かないから、従業員が辞めてしまうのではない。真実はその逆で、不在の方が、従業員はのびのびと仕事ができる。店長が不在でも、問題が起こらない仕組みを作る。

☑ 個室サロンにすれば、店長は不要。従業員同士は「適切な距離感」を保つことができるので、ストレスのレベルが一気に下がる。その結果、離職が起こりにくくなる。

☑ 仕事は慣れてきた時が一番危ない。週報を書かせることで「マニュアルの徹底」を改めて意識させる。管理はそれだけで十分。

店長不在でも業績を伸ばすことができれば、店長を育てなくても、3店舗目、4店舗目とハイスピードで店舗を広げていくことが可能になるからです。

実は、僕は**ここまでの実験に2年の歳月**をかけました。

ですから、4年で100店舗以上のお店を作ったと言っても、**そのほとんどは後半の2年間だけで作った**ということになります。

3店舗目のお店で確認したかったこと。それは「**遠隔でもビジネスモデルを再現できるのか**」という点でした。

店舗数が少ないうちは、僕自身の目も行き届きますが、店舗を広げていけば、直接現場に行けない店舗が必ず出てきます。

僕自身が直接現場に行かなくても、遠隔でビジネスモデルを再現できるのか？

そもそも新規エリアで、既存店と同じように集客をすることが可能なのか？

そうした、言わば「**ビジネスモデルの再現性**」を確認することが、3店舗目の課題でした。

銀行員の「意外な返事」

新規出店の形態は、主に2つに分類することができます。

1つは既存店とは離れた「全く新しいエリア」にお店を出すケース。

もう1つは、既存店の近くにお店を出していくケースで、いわゆる「ドミナント方式」と呼ばれるスタイルです。

3店舗目で確認をしたかったのは、前者の「**新しいエリアにお店を出すケース**」で、そこで僕のやり方がはたして通用するのかどうかということでした。

結果的に3店舗目は直営店ではなく、フランチャイズ（以下、FCと表記）で新しいエリアの店舗を展開することになりました。

ですが、当初、僕は3店舗目をFCにするつもりはなく、3店舗目以降も直営店を増やしていくつもりでした。

2店舗目までの実験で「これはいける」という確信を得た僕は、はやる気持ちを抑えて銀行に行きました。

そして、ディアーズをまだ2店舗しか出していないにもかかわらず、銀行の担当者に切り出しました。

「これで全国展開できると思います。いくらまでなら、お金を貸していただけますか？」

こうして3店舗目以降のお店を作るための融資をお願いしたのですが、銀行の担当者から返ってきたのは、意外な言葉でした。

「北原さん、おっしゃることはよく分かりました。ですが、まずは前にお貸ししたお金をきちんと返してからにしてください。今はお貸しできません」

意外な返事に、僕は驚きました。

「話にならないな……。こんなビッグチャンスなのに、本当に融資をしなくて大丈夫なの？」

そう思いましたが、「貸さない」と言うのですから、仕方ありません。

こうして「**お金の問題**」に直面した僕は、直営での店舗展開を断念し、3店舗目はFCでの展開を考えるようになりました。

「よくよく考えてみると、1店舗ごとに銀行にクレジット（信用）の確認をされていたら、お店をスピード展開で広げていくことはできないな。別のやり方を考えなければならない」

そのように考え直して、**3店舗目はFCでいこう**と決めました。

ですが、ここで僕は「**次の問題**」にぶち当たることになります。

ディアーズにふさわしいFCオーナーとは？

次にぶち当たった問題。それは**「ブランド力」**の問題でした。

FC展開をしようと言っても、そもそも当時のディアーズは2店舗しかなく、ブランド力がありませんでした。

ですから、FC展開をしようと思っても、そのためのオーナーを募るのは容易ではありません。

ブランド力がない中で、いかにしてFCのオーナーを集めるか？

それが、僕に課された次の課題でした。

僕がまず考えたのは、**「どんな人なら、うちのFCオーナーになってくれるだろうか」**という点です。

どんな人をターゲットに設定して、FCオーナーを募るべきか？

おそらく普通に考えるのは「**やる気があって、そこそこの実績もあって、お店の業績を伸ばしてくれそうな人**」ということになるでしょう。

でも、僕はＦＣのオーナーを募る時点で、「**そういう人は絶対にダメだ**」ということが明確に分かっていました。

いったい、なぜでしょうか？

なぜかと言うと、そういうタイプの人は、仮に1店舗目がうまくいくと、「2店舗目は自分のスタイルでやってみたい」という形で、どんどん自分の色を出そうとするからです。

そして、その姿勢はやがて離脱（独立）へと繋がっていきます。

こうした「**独立の法則**」は社員だけでなく、ＦＣオーナーにも当てはまるはずだと僕は考えていました。

何より僕自身が「自分のやり方」で勝負をしたくて、最初に就職したお店を離職しているわけですから、できる人というのは、やはり「自分の力」を試したがるものなのです。

だからこそ、「やる気があって、そこそこの実績もあって、お店の業績を伸ばしてくれそうな人」は、ディアーズのFCオーナーには絶対にそぐわないということが、僕には明確に分かっていました。

ですから、そうした人たちとは**「正反対の人」**を僕はFCオーナーにしようと考えました。

失礼を承知で、具体的に言うと、次のようなタイプの人たちです。

■ボロボロの赤字経営になっている
■そろそろ美容室を畳もうと考えている
■人生に疲弊し切っている

そうした方こそが、ディアーズのFCオーナーにふさわしいと考えました。

すでに経営状態が火の車であれば、ディアーズのブランド力を気にする余裕もないはずです。

そこで、次の課題になります。
では、そうした人たちを集めるには、いったいどうしたらいいのでしょうか?

深夜に届いたメール「死ぬことを考えています」

そこで僕が考えたのは「**美容室**」「**赤字**」「**撤退方法**」などのキーワードを使って、ブログなどで記事を書くことでした。
記事の最後に、僕は必ず次のような文言を付け加えました。

「**赤字で撤退を考えている人は、ぜひ一度、ご相談ください**」

すると、言わば「瀕死《ひんし》状態の人たち」から「もう死にたい」といったリアルで悲痛なメールがたくさん届くようになりました。

そしてブログを書き始めて、ある日のこと。
深夜に、ある男性から次のようなメールが届きました。

「今日、北原さんに相手にしていただけなかったら、もう先がないので、死のうと思います」

驚いた僕は、急いでそのメールを書いた男性が住んでいるエリアに向かおうとしたのですが、とうに終電の時間は過ぎています。
そこで車を飛ばして、彼が住んでいるエリアに向かいました。
現地に着いた頃には夜中の2時を過ぎていましたが、彼とはそれから朝の5時ぐらいまで、ゆっくり話をすることになりました。

いざ話を聞いてみると、奥様の反対を押し切って自分の美容室を開業したものの、うまくいかず、親戚からもいろいろと言われて、家に居場所がないとのことでした。

彼との会話で印象的だったのは、次のような言葉が出てきたことです。

「北原さん。人間って本当に困ると、おなかが鳴っても、おなかがすかないんですね……。寝たくても、全然眠れないんですね……」

僕が思ったのは、「**このまま放っておいたら、この人は本当に死んでしまうのではないか**」ということでした。それほどまでに、彼は疲弊し切っていたのです。

だから、僕は言いました。

「もしよろしければ、お店の看板を変えてみませんか？　どうせ撤退するなら、3カ月間だけでいいので、僕に運転させてください。それでダメだったら、うちの社員にします。借金も一緒に返していきましょう」

すると、彼は「ぜひお願いします」と言ってきました。

こうして深夜に突然メールを送ってきたこの男性が、**記念すべきディアーズの**

FC1号店のオーナーになったのです。

ブランド力のないお店がFCオーナーを集める「逆転の発想」

ブランド力のないお店が、いかにしてFCオーナーを集めるか？

おそらくFCでの展開を考えているほとんどの会社、ならびに社長が直面する問題ではないかと思います。

普通のやり方では、まずFCオーナーは集まりません。

かといって、「ブランド力を構築してからFC展開」というプロセスを辿ろうとすると、莫大なお金がかかりますし、何より時間がかかりすぎてしまいます。


この問題をどうやってスピード解決すべきか？

僕が考えたのは、「**店舗救済**」という形で「**救いの手**」を差し伸べれば、ディアーズにすがってくれるのではないかということでした。

借金を一緒に返すぐらいの姿勢で臨めば、僕からFCのお願いをするのではなく、逆に相手の方から、僕にすがってくれるのではないかと考えたのです。

こうした言わば**「逆転の発想」**で、僕はこの問題をスピード解決しました。

この時のエピソードを人に話すと、次のように言われることがあります。

「ダメだったらうちの社員にするとか、借金を一緒に返していこうとか、初対面の人に対して、どうしてそこまで言えたんですか？」

理由は簡単で、**「必ず黒字化できる」**という確信があったからです。

彼のお店は家賃10万円ほどで、うちの美容室の家賃と同じ水準でしたし、何より、うちのお店よりも人口が多いエリアで出店をしていました。

ですから、やり方さえ変えれば、必ず黒字化できるという確信がありました。

あとは彼に対して、**「新しい挑戦」**を促すだけです。

新しい挑戦にはリスクが伴いますから、誰しもが恐怖心を持つものです。

ですから、人間は何かと「**やらない理由**」を考えて、新しい挑戦を回避しがちです。

そこで、僕は「失敗したらうちの社員にする」「借金を一緒に返そう」と提案しました。

そこまで言われれば、彼からすると、やらない理由がなくなるからです。

はたして、彼は新しい挑戦の道を選びました。


その結果、**1カ月間の売上が約20万円**だった彼のお店は、**3カ月後に売上80万円に急成長**しました。

現在、彼はディアーズで**3つの店舗を持つFCオーナーとして活躍中**です。

奥様から「次の店舗はいつ出すの？」と毎日ケツを叩かれているそうで、「赤字ばかりで、なんで独立なんかしたの……」と小言を言われる日々から、**大逆転の人生**を送っています。

セブン‐イレブンはいかにしてFC展開を広げていったのか？

このように僕自身は「逆転の発想」でFCでの展開を始めましたが、今、振り返ってみて思うのは、**「固定概念にとらわれてはいけない」**ということです。

現在の日本には様々なFCがありますが、固定概念にとらわれずにFCを成功させた事例として、とりわけ身近なのは、コンビニエンスストアである**セブン‐イレブン**ではないでしょうか？

ここで、セブン‐イレブンがどのようにしてFC展開を始めたのかについて、簡単に経緯を振り返ってみましょう。

時は高度成長期。

大型スーパーが全盛の時代で、イトーヨーカ堂は出店を加速させていましたが、その一方で、地元の商店街にある中小の小売店からは「イトーヨーカ堂が来たら売れなくなる」と猛反発を受けるようになっていました。

幹部として、地元の商店街と交渉にあたっていた鈴木敏文さんは「**商売はやりようだ。大型店と中小小売店は必ず共存共栄できるはずだ**」と考え、その道を模索していたそうです。

そんな中、鈴木さんがアメリカで出会ったのが、セブン‐イレブンでした。

最初は「アメリカにもこんな小売店があるのか」としか思わなかったそうですが、帰国後に調べてみると、サウスランド社が北米で**4000店のチェーンを展開している超優良企業**でした。

鈴木さんはセブン‐イレブンを日本に持ち込めば、「大型店と中小小売店の共存のモデルを作ることができる」と考えたそうです。

社内からは猛反発を受けました。

「**商店街のお店の多くが衰退している中で、セブン‐イレブンのような小型店舗が日本で成り立つはずがない**」というわけです。

しかし鈴木さんは反対を押し切り、FCの1号店を豊洲にオープンさせました。
なぜ、第1号のお店をFCにしたのか？
その時のエピソードが鈴木さんの著書『**変わる力　セブン‐イレブン的思考法**』（朝日新聞出版刊）に書かれていますので、以下に引用させていただきます。

1号店は、セブン‐イレブンの看板で独立した商売をするフランチャイズ店にしようと決めていました。他のメンバーはノウハウを実地で身につけるためにも、最初の数店は直営店でやろうと言いましたが、セブン‐イレブンの創業目的が「小型店と大型店の共存共栄」「既存小売店の活性化」にあることを示すためにも、私はこれを押し通しました。

そのようなとき、新聞記事を見た東京都江東区在住の山本憲司さんという23歳の青年から、私たちのもとへ「やってみたい」と手紙が届きました。

彼は、お父様が亡くなられたため大学を中退して家業の酒屋を継いだばかり。酒販店は免許制で保護されているため儲《もう》かってはいるが、酒類は公定価格のようなもので、今後大きな売上増は望めません。結婚したばかりの妻や、妹弟を支える大黒柱として、このまま酒屋をやっていていいのだろうかと考えていたときに、新聞記事に載っていたセブン‐イレブンという新しい店に「ひらめき」を感じたそうです。

店はアメリカの3分の1の広さしかなく、決して人通りの多い立地ではありませんでしたが、彼の責任感と、新しいことに果敢に挑戦しようという熱意に胸を打たれ、「ぜひ一緒にやりましょう。もし3年後に失敗していたら、私が責任を持ってお店を元通りにしてお返しします」と、約束したのです。

1974年5月15日、日本初の本格的コンビニエンスストア、セブン‐イレブン豊洲店がオープンしました。準備期間は3カ月間。急ピッチで山本さんの店舗を改装し、並行して彼自身にも「コンビニエンスストア」の運営ノウハウを学んでもらう研修をするなど、慌ただしい日々を共に過ごして迎えたオープンでした。最初の雨模様の日でしたが、目新しさもあって、多くの人が来店してくれました。最初のお客様は男性。購入してくださったのは、800円のサングラス。今も忘れられません。

いかがでしょうか？

こうして「うまくいくはずがない」という社内の反対を押し切り、1店舗目のFCをスタートさせたセブン‐イレブンがその後にどうなったのかは、あえて書き記すまでもないでしょう。

セブン‐イレブンに学ぶ「継続的な成長の条件」

セブン‐イレブンとは経緯が違いますが、現在、僕も数多くのFCを抱えるディアーズグループの代表です。

その代表として、この本を読んでいるあなたに何よりも伝えたいのは、次のメッセージです。

やりようによっては、必ず勝てる。

美容室業界は「**レッドオーシャン**」（血で血を洗うような激しい競争が行われている既存市場のこと）と言われますが、厚生労働省の統計によると、２０１８年度の店舗数は**全国で25万軒**を超えているそうです。

一方、日本フランチャイズチェーン協会の調べによると、２０１８年度の全国のコンビニエンスストアの店舗数は**５万８３４０店**となっています。

コンビニエンスストアの店舗数と比べてみても、美容室がいかに競争の激しい業界であるかが分かるでしょう。

しかし、それを嘆いてみたところで、状況は何も変わりません。

先ほどご紹介した鈴木さんの著書には、次のようにも書かれています。

ビジネス上、ライバルは少ないほうがいいと思いがちですが、競合他社、あるいは競合店がないと、往々にして事業がうまくいかなくなることが多い。小売業で言えば、周りに競合店がないと、お客様は他に店がないために来てくれていることに気づかず、変革する努力を忘れてしまうためです。

商売がうまくいかないときは、誰かのせいにすれば楽です。しかし、楽のあとに成長はありません。己の欠点を受け止め、改善する努力を怠らず、新しいことに挑戦し続ける。そうした地道な取り組みなくして、継続的な成長はないのです。

鈴木さんのおっしゃるとおりだと思います。

僕自身が「レッドオーシャン」と言われる美容室業界で、たった数年で店舗を急拡大できたのは、ディアーズが**変革と挑戦**を怠らなかったからです。

「これからどうしていけばいいのだろうか……」

そのように悩む美容室経営者は、全国の津々浦々にいらっしゃいます。

そうした**美容室経営者の受け皿**となり、**業界をより活性化**していけるよう、ディアーズは変革と挑戦を続けています。

「FCオーナーにふさわしい」「ふさわしくない」を見極めるポイント

さて、話をもとに戻しますが、FCの1店舗目を成功させた僕は、早速2店舗目のFCに取りかかりました。

そのお店は家賃20万円にもかかわらず、客席が2席しかない店舗でした。

当時、そのお店のオーナーには奥様と3人のお子様がいらっしゃったのですが、月の売上は20万円ほどしかありませんでした。

光熱費などを考えると、完全に赤字で、**自分の家の賃料の支払いもままならない状態**でした。

僕が「これからどうするんですか？」と聞くと、彼は「お店で寝泊まりをしようと考えています」と言います。

そこで「お子様もいらっしゃるんですよね？」と聞くと、彼は「お客様がいない夜ならば、家族で寝泊まりできると思います。やってやれないことはない」と答えました。

実は当時、その方の奥様は4人目の子供をおなかに身ごもっていました。

僕は話を聞きながら、「その状態で奥様をお店に寝泊まりさせるのは、さすがにマズいだろう……」と思いました。

僕は言いました。

「とにかく、僕が言うとおりに、3カ月間だけやってみてください。ダメだったら、うちの社員にしますから」

こうして1人目のFCオーナーと同じような提案をしました。

結果、3カ月後には、**1カ月間の売上が80万円と約4倍にV字回復**しました。

ひょっとしたら、ここまで読んだあなたは、次のように思うのではないでしょうか？

「お店が赤字の状態なのに、４人目の子供を作って、さらに奥様やお子様をお店で寝泊まりさせようって……。そんな人にＦＣオーナーを任せて、本当に大丈夫なんですか？」

あなたがそのように思うのは当然で、普通だったら、そうした人にＦＣオーナーを任せようとは思わないでしょう。

でも、僕は**少し違う観点**から人を見ています。

どこを見ているのかと言うと、それは「**きちんとお客様を接客できるか**」「**基本的なルールをしっかり守ることができるか**」という点です。

これさえしっかりできる人であれば、多少おかしな思想を持っていたとしても、基本的にかまわないと僕は考えています。

人の心の中は、他人には見えません。

裏で何を考えているのかも全く分かりません。

それが人間という生き物であって、他人の考え方をコントロールすることはそもそもできません。

ですから、「その人が何を考えているのか」という問題は、僕にとってはどうでもよくて、お客様や決められたルールに対して、真摯でさえいてくれれば、それでＯＫだと考えています。

面談時に、彼にはその真摯さが見えました。

だからこそ、僕は彼をＦＣオーナーにするという決断を下したのです。

そもそも完璧な人間など、世の中にはいません。

ですから、「あいつはここがおかしい」などと欠点ばかりあげつらっていても、キリがありません。

何を優先順位の上位にするか？

まずは、その点を明確にすることが大切ではないかと思います。

休日でもメールに「即レス」できるか？

どんな人がディアーズのFCオーナーにふさわしいかという点について、もう1つだけポイントを挙げておきましょう。

僕は「**オンとオフを切り分ける方**」**に関しては、基本的にFCオーナーを断る**ようにしています。

オーナーになって従業員を雇うということは、**自分のオンとオフはなくなる**ということを意味します。

そういうポジションであるという自覚がない人には、残念ながら、FCのオーナーは務まりません。

例えば、社員が出勤中に事故に遭ってしまったとしましょう。

オーナーとして、いち早く対処をしなければならないのに、「休みなので連絡が取れませんでした……」というのでは話になりません。

たとえ休みの日であったとしても、僕は社員からの連絡に関しては、すぐにレスポンスをするようにしています。

それと同様に、たとえ休みの日であったとしても、**僕が送ったメールに12時間以内に返信がないようだと、FCオーナーとしての適正はない**と考えます。

中には「旅行中だから勘弁してください」とか「休みなので電話は後日にしてください」と言う方もいらっしゃいます。

もちろんそれは理解できますし、僕も極力、休みの日にムダな連絡をしないように心がけています。

しかし、いざという時、すぐに連絡が取れない人というのは、FCオーナーとしては明らかに不向きなのです。

「5店舗目以降の課題」は？

さて、こうして新規エリアで、僕は「ビジネスモデルの再現性」を確認することができました。

あとは、ＦＣ展開を全国に広げていくだけです。

5店舗目以降、どのような形で店舗を広げていったのか？

その経緯について、次章でお話しします。

第4章のポイント

☑ ブランド力を構築してからFCを展開しようとすると、莫大なお金と時間がかかる。

☑ ブランド力がない中で、いかにFCオーナーを集めるか？　ディアーズは「店舗救済」という逆転の発想で、この難局を乗り切った。FCの業績をV字回復させたことで、「ビジネスモデルの再現性」を証明できた。

☑ 美容室業界は、コンビニ業界を上回るレッドオーシャン。しかし、逆に考えれば、これは変革と挑戦のチャンスである。

☑ 完璧な人間は世の中にいない。FCオーナーを選ぶ際には、「何を優先順位の上位にするのか」を考えることが肝心。

☑ オンとオフを切り分ける人、メールに即レスできない人は、ディアーズのFCオーナーには向かない。

Dears for hair

第5章

「自動化」で成長が加速する！

4→100店舗

会社の成長を自動化する！

さて3店舗目、4店舗目で「再現性」を確認した僕は、店舗展開を広げるために、**FC説明会**を実施しました。

説明会を実施したところ、**初回で集まったのは30名。**そのうち**28名がFCに加盟**することになりました。

こうして、ディアーズは**成長が加速**していくこととなったのです。

本書では、ディアーズの店舗拡大をプロセスどおりに見てきましたが、ここでもう一度、「各店舗で実現させてきたこと」をおさらいしておきましょう。

1店舗目で実現させたのは「**社員の能力に頼らない**」ことです。社員の能力に頼らず、マニュアルだけで業績を伸ばすことを実現させました。

同じく**2店舗目**で実現させたのは「**店長を置かないこと**」、3〜**4店舗目**では「**新**

規エリアでの再現性」を実現させました。

実はここまでができると、**5店舗目以降**の「**成長の自動化**」は、ほぼ実現できたも同然です。

第5章では「**5店舗目以降をどう拡大させていったのか**」、そして「**拡大し続ける店舗をどのように管理しているのか**」について、お話ししたいと思います。

1店舗あたり3分で管理を完了できるか？

まえがきにも書きましたが、2021年6月現在、ディアーズは直営店が10店舗、FCが146店舗、計156の店舗を抱えています。

「そんなに多くの店舗を、いったいどうやって管理しているんですか？」

そのように思われるかもしれませんが、僕は**FC1店舗の管理を、1カ月あた**

り3分以内に完了させています。

全店舗の管理にかける時間は、**毎月3時間**ぐらいで、**全店舗の管理をほぼ自動化**できていると言っても過言ではありません。

なぜ、そんなスピーディな管理が可能なのか？

その秘訣について、実例を交えながら、お話ししたいと思います。

僕が何をもとにFC店舗の管理を行っているのかと言うと、それは月末から翌月の月初にかけて届く「**FCオーナーからの定期報告**」です。

ディアーズのFCオーナーには、**月1回の定期報告**が義務づけられていますが、よほどのことがない限り、これ以上の報告を求めることはありません。

この定期報告を見ながら、僕は基本的に全ての判断を下すようにしています。

では、FCオーナーは、どんな定期報告を行っているのでしょうか？

実際の例を見てみましょう。

次のページが実際の定期報告で、**非常にシンプルな作り**になっています。

定期報告①

名前
●●●●

今月の総売上
￥2,718,700

集客広告費
￥0

新規問い合わせ数
35 件

新規入客数
12 件

新規次回予約数
12 件

よろしくお願いします。

新規問い合わせに対して、入客できる枠がないようでしたら、次の社員を入れるタイミングなので、求人を急ぎましょう。
現状、毎月 20 名以上のお客様をお断りしている状態なので、非常にもったいないです。

フォーマットが決まっていて、LINE（ライン）によって、全ての報告を受け付けるようにしています。

「こんなにシンプルな報告で、本当に大丈夫なの？」

そのように思われるかもしれませんが、報告する側の負担を考えれば、報告書はシンプルなのが一番です。

複雑にすると、報告書を作るための時間を割かなければなりませんし、その作業におけるストレスも生じます。

また管理をする側にとっても、報告はシンプルなのがベストです。

なぜなら100以上の店舗を管理するためには、1店舗あたりのチェックを、できる限りスムーズに行う必要があるからです。

では、このシンプルな定期報告で、僕はどういった点をチェックしているのでしょうか？

数字はココだけを見ればいい！

まずは先ほどの定期報告を見ながら、そのポイントについて、解説しましょう。

このお店は客席が**2席**（**スタイリスト3名**）で、月の売上が**約272万円**です。

すでにお話をしたとおり、ディアーズは一番高いメニューで施術をされるお客様がほとんどですから、客単価1万6500円（税込）で考えると、1カ月で**160名以上**のお客様を相手にしているという計算になります。

1名のお客様の施術にかける時間は、**約3時間**です。

ですから、仮にお店の営業時間が9～18時までだとすると、2席でお客様を相手にできるのは1日6名様になります。160名のお客様を回すためには27日間、ほとんどフルで予約を入れないと合わない計算になります。

さらに詳細に、このお店の数字を分析していきましょう。

新規入客数が12件。それに対し、新規次回予約数も12件になっていますから、**次回予約率は100%**です。ですが一方で、新規問い合わせ数が35件なのに対して、新規入客数は12件。実に23名ものお客様を取りこぼす結果になっています。

要は**予約がパンパン**で、これ以上、新規のお客様を受け入れるのが難しくなっているのです。この数字を見れば、「**そろそろ限界に近いな**」と判断できます。

現時点で23名もの新規のお客様を取りこぼしているわけですから、席があるなら、**スタイリストを追加雇用**すればいいし、席が埋まっているなら、近くにもう1つお店を作れば、そちらの店舗にお客様を移動させることができます。

そうすれば、広告費をかけずに集客できるわけですから、こうした店舗のFCオーナーには「**もう1つ店舗を作りませんか**」という提案になるわけです。

「伸びるオーナー」と「伸びないオーナー」は何が違うのか？

次のページをご覧ください。

定期報告②

名前
●●●●

今月の総売上
￥772,750

集客広告費
￥80,000

新規問い合わせ数
26 件

新規入客数
18 件

新規次回予約数
16 件

よろしくお願いいたします。

オーナー１人でやっていても、生産的には 100 ～ 120 万円の売上は描けるはずです。
新規問い合わせ数が 26 件に対して、新規入客数が 18 件ということは、8 名ものお客様を逃してしまっています。お客様をしっかり受け止めることができるよう、休みをうまく調整してください。

このお店は、先ほどのお店とは違って、「**もう少しがんばれるのではないか**」と思えるお店です。

先ほどのお店と比較していただくことで、数字の感覚を、よりリアルに実感していただけるはずです。

このお店のスタイリストは1名で、立ち上げたばかりなので、**オーナー1人で回しているお店**です。

月の売上は**約78万円**。先ほどのお店と同じく、客単価1万6500円（税込）で計算をすると、1カ月あたりのお客様は**48名**ということになります。

1日3名の予約を入れたとしても、16日間で片づく計算になりますから、**まだ余裕がある**と言えるでしょう。にもかかわらず、新規問い合わせ数が26件なのに対して、新規入客数が18件になっています。

まだ余裕があるのにもかかわらず、**8名ものお客様を取り逃している**のです。

ちなみに、このお店のFCオーナーは、まだ起業したばかりの若い男性です。

だから、あえて愛情を込めて言いますが、僕に言わせれば、「今、必死にやらないで、いつやるんだ？」という感じです。

彼に言わせれば、「土日祝日や平日の夜に予約が集中して、予約の調整がうまくできませんでした」ということなのかもしれませんが、先ほどのお店の数字と比較してみれば、その差は明らかではないでしょうか？

ですから、こうしたFCオーナーに関しては、僕はどんどんケツを叩くようにしています。

もし僕がこのお店のオーナーなら、朝の9時から夜の12時までお店を開けて、必死に働くことでしょう。

一番大事な起業の時にがんばって数字を出さなければ、その先はないからです。

従業員に無理をさせることはできませんが、オーナー1人であれば、いくらでも無理がきくはずです。

仮に8名のお客様を取りこぼさなければ、月の売上で10万円以上が上乗せされるのに、なぜ必死にやらないのか？

僕にとっては、それが歯がゆくて仕方ないのです。

仮に毎月8名のお客様を取りこぼしていくことになると、**年間で100名近いお客様を取りこぼす計算**になります。

お客様が年6回（2カ月に1回）通ってくださったとすると、お客様1人あたりの年間の売上は約10万円になりますから、100名を取りこぼすと、**トータルで年間1000万円近い損失**が出る計算になります。

これは大きな損失で、仮に取りこぼしをしなければ、次のお店を出せるレベルになってきます。

こうした取りこぼしを最小限にできるFCオーナーが、1年も経つと、2店舗目、3店舗目と店舗を広げてきます。

数字を見ているだけで、**伸びるオーナー**と**伸びないオーナー**、**伸びるエリア**と**伸びないエリア**が、全て分かってしまうのです。

このようにディアーズの定期報告は、非常にシンプルです。

でもシンプルだからこそ、報告する側もされる側も負担にならないのはもちろんのこと、パッと数字を見ただけで、お店がどんな状態であるかを瞬時に判断することができるのです。

なぜ、3年以内に満席になるのか？

ちなみに僕が作るお店は、**全て3年以内に満席になるように設計**しています。

どういう計算をすれば、3年以内に満席になるのでしょうか？

この点を具体的な数字で立証してみたいと思います。


例えば、客席が3席の店舗で考えてみましょう。

施術は**従業員の休み時間も含めて、1名のお客様にかける時間は約3時間**になります。

ですから1人の従業員で、1日に3名のお客様を相手にすることができます。

典型的なパターンだと、**9時、12時、15時にお客様の予約を入れて、18時に仕事を終え、15分で掃除をして帰宅**という形になります。

ディアーズでは1名のお客様を終えるごとに、従業員は**30分〜1時間の休憩**を取ることができるのですが、仮にキャンセルが入ると、次のお客様までにかなりの時間が空いてしまいます。余談になりますが、従業員の中には、その空き時間に銭湯に行くという強者《つわもの》もいるぐらいです。

さて話を戻しますが、1席のお客様が仮に1日に3名だとすると、3席では9名になります。

1週間（7日）で換算すれば**63名**、1カ月（30日）で**270名**のお客様が入れば、**満席**ということになります。

このお店の新規のお客様の問い合わせが、1カ月で**30件**だとしましょう。新規の問い合わせで来たお客様を1名も取りこぼさず、新規顧客のリピート率を少し少なめに見積もって**80%**、2回目以降のリピート率を**100%**、お客様の来店頻度を**2カ月に1回**として計算した図が、次のページの表になります。

1店舗が満席になるまでのプロセス

1カ月目	30名
2カ月目	30名
3カ月目	30名＋24名（1カ月目のお客様のリピート）
4カ月目	30名＋24名（2カ月目のお客様のリピート）
5カ月目	30名＋48名（1カ月目と3カ月目のお客様のリピート）
6カ月目	30名＋48名（2カ月目と4カ月目のお客様のリピート）
7カ月目	30名＋72名（1カ月目と3カ月目と5カ月目のお客様のリピート）
……	
21カ月目	30名＋240名＝270名

⇩

21カ月（1年9カ月）で満席になる！

このお店のキャパシティである270名が埋まるまでにどのくらいの期間がかかるのかというと、**21カ月目に270名となり、満席になる計算**になります。

こうした形で、ディアーズでは3年以内に満席になるよう、全てのお店を設計しています。

美容室業界は競争が激しく、店舗数を増やすどころか、**新規オープンした美容室は10年後にほとんど生き残っていない**と言われる世界です。

そんな環境下であっても、僕のやり方であれば、**3年以内に満席の店舗**を作ることができます。

なぜ、僕がたった4年で100店舗以上の美容室を作ることができたのか？

その理由は、こうした数字上でも、しっかり裏付けをすることが可能なのです。

FC急拡大の秘訣

ディアーズの場合、お店を1つ作る際の初期投資は、だいたい1000〜

1500万円になります。

この借り入れができるかどうか？

その点が、まずは**FCオーナーの壁**になります。

銀行から借り入れができれば、全く問題ありませんが、今の若い人というのは、僕が見る限り、**貯金30万円以下の人がほとんど**です。

この状態だと、なかなか銀行はお金を貸してくれません。

この点を、いったいどうやってクリアさせればいいのでしょうか？

美容師に「どのエリアで勝負をしたいですか？」と聞けば、たいていは「東京」と答えるでしょう。

しかし、東京には、すでに美容室が溢《あふ》れています。

イチから勝負をしたいのであれば、**地方都市の方が賢明**です。

そこでディアーズでは、銀行での借り入れが難しい人たちに対して、「**このエリアに引っ越しをしてくれるなら、会社で借り入れをしてあげるよ**」という提案を行っています。

いったん会社で借り入れを行い、店舗を黒字化した段階で、FCオーナーが「お店を買い取りたい」と言えば、銀行はお金を貸してくれるはずです。

店舗を黒字化してからの借り入れですから、「返済できないかもしれない……」と心配する必要はありません。


仮に赤字で生活費すら稼げない場合には、**生活費の補償を行う制度**も整えています。

幸い、そうしたFCオーナーは今までに1人もいません。ですから、この補償制度が発動したことは一度もありません。

仮にダメであれば、僕はFCオーナーを全員、社員にする覚悟でいますが、おかげさまで、全てが順調です。

日本沈没レベルの災害でもない限り、ディアーズは安泰と言えるでしょう。

なぜ、FCを急拡大できたのか？

その一因は、リスクを心配するFCオーナーに対して、できる限り**「リスクゼロ」に近い形で勝負できる環境**を整えていることにあるのです。

「ギブ中心」でストレスフリーの人生になる!

友人の経営者に、よく言われることがあります。

それは「それだけの規模でやっていて、よく訴訟を起こされないね」ということです。

なぜディアーズは、訴訟などの揉《も》め事とは無縁なのでしょうか?

理由は簡単で、僕が基本的に**ギブしかしていない**からです。

この本でお話ししてきたとおり、ディアーズでは顧客の獲得も従業員の求人も、全てホームページ上で行い、各店舗に割り振るスタイルを採用しています。

FCオーナーの側からすれば、集客も求人募集も自分でやる必要がないのですから、これほど楽なことはないでしょう。

ここまでしてあげれば、基本的に揉めようがありません。

もちろん、揉め事がゼロというわけではありません。

ＦＣオーナーに対して、僕の方から「**もうあなたとは仕事ができません**」と言って、**看板を回収するケース**があります。

以前にあったケースだと、ＦＣオーナーのお父様が突然、「なぜ俺のところに話が来ていないんだ？」と言って、ＦＣ加盟が中断してしまったことがありました。事業モデルを落とし込み、業績も安定するところまで、こちらの力で持っていったのにもかかわらず、です。

よくよく話を聞いてみると、お金を出したのがＦＣオーナーでなく、そのお父様だったらしいのですが、こちら側からすれば、お金の出所まで調べることはできません。

話し合いの末、このＦＣオーナーとの契約は解除させていただきました。

ルールの範囲内であれば、何の問題もないのですが、そうした形で残念ながら、看板を回収しなければならないケースもあります。

世の中には、こちらがいくら筋を通したとしても、筋を通さない方がいるものなのです。

世の中では、よく「ギブ&テイク」と言われますが、人間は自分中心の生き物ですから、どうしても「テイク」の方に意識がいきがちです。

そんな人間社会だからこそ、まずは「**自分が何をギブできるか**」を考えてみてはいかがでしょうか？

ギブ中心の生き方をすると、揉め事をゼロにすることはできないものの、かなりの確率でトラブルを回避することができます。

ギブ中心の生き方がストレスフリーの人生に繋がることを日々実感しています。

僕が全国を飛び回る理由

現在の僕の仕事は、「**FCの説明会にいかに人を集めるか**」です。

そのために、僕は全国を飛び回っています。

「全国を飛び回らずに、東京に集めればいいのではないですか？」

そのように思われるかもしれませんが、第4章でお話ししたとおり、ディアーズがオーナーとしてターゲットにしているのは「**自分の力ではどうしようもない人たち**」です。

そういう人たちは、例えば鳥取から出てきて、東京のセミナーに参加するということを基本的にしません。

2019年に僕は47都道府県の全てを回り、説明会をやりました。

おかげさまで2020年12月1日、ディアーズは**全47都道府県への出店**を果たしました。

ディアーズ事業における僕の次の目標は、ディアーズの店舗数をさらに拡大させて、**コンビニエンスストアのようなインフラ**にすることです。

ぜひ、あなたにも仲間に加わっていただければと思っています。

メールでも何でもかまわないので、1人で悩まずに、僕に連絡をください。

ご要望さえあれば、僕は全国どこへでも足を運びたいと考えています。

ディアーズは「女性ファーストの会社」

さて、この本もいよいよ最後が近づいてきましたが、次の最終章では「**女性問題**」について、取り上げたいと思います。

第1章で触れましたが、ディアーズ直営店の現場社員は、**全員女性**です。

そのためか、セミナーなどで「**女性ファーストの会社を作っている北原さん**」と紹介されることもあるのですが、僕がどのようなことを考えて、「女性ファーストの会社」を作っているのか？

その点について、次章で持論を述べたいと思います。

第5章のポイント

☑ FCからの定期報告は、シンプルな形がベスト。そうしなければ、多くの店舗をスピーディに管理することはできない。

☑ シンプルな定期報告だからこそ「伸びるオーナー」と「伸びないオーナー」、「伸びるエリア」と「伸びないエリア」が一目で分かる。

☑ ディアーズでは1～2年で満席になるよう、全てのお店を設計している。その設計は、数字上でも裏付けが可能。

☑ リスクを心配するFCオーナーに対して、できる限り「リスクゼロ」に近い形で勝負できる環境を整えていることが、FC急拡大の一因である。

☑ まずは「自分が相手に何をギブできるか」を考える。ギブ中心の生き方がストレスフリーの人生に繋がる。

Dears for hair

第 6 章

女性が働きやすい環境の作り方

女性が働きやすい環境を作る!

毎年、厚生労働省が発表している『雇用動向調査』を見ると、令和元年(2019年)の常用労働者(期間を定めずに雇われている人、もしくは1カ月以上の期間を定めて雇われている人)の離職率は**15・6%**となっています。

ディアーズの場合、2021年6月現在の時点で、**直営店の離職率は0%**。**FCを含めても離職率は3%程度**ですから、一般的な離職率を大きく下回っています。

この数字は、従業員に対して、ディアーズが「**働きやすい環境**」を提供できている何よりの証拠と言えるでしょう。

今までの社会は「男性寄り」で、僕はそこに強い疑問を感じていました。

そこで、男性だけでなく、「**女性も働きやすい職場環境**」を作りたいと常に考えてきました。

その結果、ディアーズには、多くの女性社員が集まることになりました。

いかにして、女性が働きやすい環境を整えればいいのでしょうか？

人口が減少していく日本において、この問題は、**今後の最重要課題の1つ**と言えるでしょう。

最終章の第6章では、その点について、僕なりの考え方をまとめておきたいと思います。

なぜ、女性の社会進出は進まないのか？

今から約10年前。

ベストセラーとなった『**デフレの正体**』（KADOKAWA刊）で、日本の生産年齢人口（「生産活動の中核をなす年齢の人口層」のことで、日本では15歳以上65歳未満の人口を指す）の減少とデフレの関係をいち早く指摘したのは、著者の藻谷浩介さんでした。

生産年齢人口が減少すれば、日本の内需はどんどん縮小していってしまいますが、同著で、藻谷さんは次の**3つの解決策**を掲げました。

①高齢富裕層から若者への所得移転を
②女性の就労と経営参加を当たり前に
③労働者ではなく外国人観光客・短期定住客の受入を

藻谷さんの指摘から、すでに10年以上の月日が流れましたが、この間、②の「女性の就労と経営参加を当たり前に」は、いったいどこまで進んだでしょうか？

僕が見る限り、ほとんど進んでいないのが実情ではないでしょうか？

そもそも、**なぜ女性の社会進出はなかなか進まないのでしょうか？**

その大きな理由として僕が考えるのは、**日本の多くの職場が、働く女性たちに**

優しい職場環境になっていない点です。


女性の場合、男性と違って、人生の節目、節目でライフステージが変わります。

例えば、結婚して旦那様ができれば、旦那様の都合による転勤がありえます。

もし旦那様が転勤になれば、女性は仕事を辞めなければなりません。

子供を身ごもると、出産のために仕事を休まなければなりませんし、子供が生まれてからは、子供の面倒も見なければなりません。

子供が小さい頃は、急に風邪を引くようなこともありますから、急に病院に行かなければならないケースも考えられます。

はたして日本の職場は、そうした女性たちにきめ細かく対応できるような環境になっているでしょうか？


出産や子供の急病で仕事に穴をあけると、周囲から「**だから女は……**」というような視線を投げかけられる……。

そのような職場環境だと、いくら仕事を続けたいと思っても、周囲からの視線に耐えかねて、離職するしか道がなくなってしまうのではないでしょうか？

女性が働きやすい環境とは？

第1章でお話ししましたが、美容室はビジネスモデル上、たとえトップスタイリストであったとしても、月100万円の給料を支払うことはできません。

男性としての「野心的なキャリアアップ」を美容室で突き詰めていくことは、なかなか難しいのが現状です。

男性的なキャリアアップを突き詰めていくと、その先には独立しかありません。

一方、女性の場合は、給料アップやキャリアアップなどよりも、**「職場の快適さ」「休日選択の柔軟さ」「ゆとり」「バランス」**といったものをより重視する傾向があります。

ですから、現状、ディアーズの求人を見て集まってくるのは、**ほとんどが女性**

になります。

あくまでも僕の主観になりますが、男性の優秀さがどこにあるのかと言えば、それは**爆発力**です。

いったんスイッチが入ると、男性は止められません。

アクセルを踏み込む力強さという点で言えば、男性に軍配が上がります。

これに対し、女性は1つひとつの仕事を慎重に進めます。

こちらが指示したことを、1つひとつ丁寧にこなします。

仕事のきめ細かさという点では、女性に軍配が上がると言えるでしょう。

もちろん、どちらが良い、悪いというのはありません。

ですが、ディアーズの場合、1つひとつの仕事をマニュアルどおりに、丁寧に実行していくことが求められますから、**どちらかと言えば、女性向き**と言えるでしょう。

だからこそ、ディアーズでは「**女性が働きやすい環境**」をより重視しています。

例えばディアーズでは、子供が急病であれば、**病児のお迎えサービス**を使えるよう、会社でサポートしています。

また、土日に子供の学校行事に参加しても、それ以外に自分の時間を持つことができるよう、**週休3日**を採用しています。

働く女性に配慮した雇用制度を、いかに設計できるか？

そうした点における配慮が、**女性の社会進出**を後押しするだけでなく、**離職率の低さ**や、ひいては**会社の成長**に繋がっていくと考えています。

グラスを割った女性にどう声をかけますか？

男性の経営者の中には、「女性が働きやすい環境を整えたいけれども、そもそも女性社員にどう接すればいいか分からない……」と悩んでいる方もいらっしゃるのではないでしょうか？

なぜ、男性経営者は女性社員を上手にハンドリングできないのでしょうか？

その原因の1つとして挙げられるのは、「**男女間のコミュニケーションギャップ**」です。

例えば、美容室の現場で、女性社員がグラスを割ってしまったとしましょう。

あなたなら、どのように声をかけますか？

おそらく、たいていの経営者の第一声は、次のような一言ではないでしょうか？

「**気をつけてよ**」

でも、僕はそのようには言いません。

僕なら、次のように言います。

「大丈夫ですか？　おケガはなかったですか？」

次に相手が「大丈夫です。本当に申し訳ありませんでした」と言ってきた段階で、初めて注意を促すようにします。

「かしこまりました。ガラス類は二次災害を防ぐために、しっかりと見ておいてください。掃除をする際には、ケガをしないように気をつけてくださいね。次から気をつけてもらえれば、大丈夫ですよ」

なぜ、こうした言い方をするのかというと、**過去に部下を辞めさせてしまった経験**があるからです。

人が辞めていった時を振り返ってみると、「**ああ、あんなことを言わなければよかったな……**」とか「**もう少し言葉を選べばよかったな……**」と思うことが多々あります。

人に素直に受け入れてもらえるような「**言葉のチョイス**」や「**順番**」があるのではないかと思うのです。

女性とのコミュニケーションのカギは「共感」

人工知能（ＡＩ）の研究者で、ベストセラーを数多く出されている黒川伊保子さんは著書『**女の機嫌の直し方**』（集英社インターナショナル刊）で、**男性脳と女性脳の違い**について、次のような面白いエピソードを紹介しています。

その昔、同期の男子に、こんな質問をされたことがある。「女はなぜ、転びそうになって転ばなかった話をするのか」

優秀な男性脳の持ち主である彼のもとに、新人の女性が初めて入ってきた年のことだ。ある朝、彼女がフロアに入ってくるなり、いきなり「さっき、駅の階段でつんのめって、こけそうになっちゃったんです。怖かった〜」と言った。彼は

「それで、けがは？　何段落ちたの？」と尋ねたのだが、彼女は「……落ちてませんけど？」と言って、あからさまにムッとした表情になった。

あとで、彼は私のところにやってきて、「俺、何か失敗した？　そもそも、転びそうになって転ばなかった話って、情報量ゼロだよな。あれ、なんか意味あるの」とつぶやいたのである。そう、彼は失敗した。彼がすべきだったのは、「そりゃ、怖いよね」と共感してやることだったのだ。そして、もちろん、「転びそうになって転ばなかった話」には、女性脳にとっては多大な情報価値がある。情報量ゼロなんて、とんでもない。

実は、女性脳は、「怖い」「ひどい」「つらい」などのストレスを伴う感情が起こるとき、そのストレス信号が男性脳の何十倍も強く働き、何百倍も長く残るのである。そして、共感してもらうと、その余剰な信号が沈静化するようにできている。

余剰な信号を起こす理由は、「危険な事態」を細大漏らさず記憶して、二度と同じ事態に自分を追い込まないための防衛手段だ。

人類の女性たちは、哺乳類のメスなので、自己保全が生殖の第一条件になる。赤ちゃんを胎内で成長させ、産み出したあとも授乳期間を必要とする哺乳類のメスは、自分が健康かつ安全でいなければ、よりよい種の保全がかなわないからだ。

このため、「怖い」「ひどい」「つらい」など、自らの安全を脅かす事態に伴う感情が起こったときには、脳が強く反応する。その体験から知恵を創出し、今後の人生で同様のことが起こったときに、自分や自分の子どもたちを守るために発動させなきゃいけないからだ。無意識のうちに何度も思い返して、知恵やセンスを創出しているのである。

（中略）

女性とともに生きる以上、共感上手になってもらわなければ、コミュニケーションが成立しないどころか、女たちの安全な暮らしが成り立たないのである。女性脳をうまく回すための、ほぼ唯一にして、最大のコツである。

いかがでしょうか？

黒川さんは、女性とのコミュニケーションにおいてキーワードになるのは「**共**

感」であると述べています。
その点を理解できると、例えば女性がグラスを割ってしまった時に、どのように声をかけるべきか、自ずと答えは出てくるのではないでしょうか？

グラスを割ってしまった女性は「悪いことをした」と自分で分かっています。

ですから、追い討ちをかけて「気をつけろ」などと言う必要はありません。

割れたグラスよりも、まずは女性に対して「**大変だったね**」と共感してあげる。

そして、「**ケガをしなかった？**」と気遣ってあげる。

男女間のコミュニケーションは、そこから円滑に進み始めるのです。

安心して赤ちゃんを出産できる！

先ほどお話ししたように、ディアーズの直営店の社員は全員女性です。

これに対し、**女性のＦＣオーナー**はまだまだ少ないのが実情ですが、その数も徐々に増えつつあります。

先日、**とても嬉しい報告**がありました。

ある女性のＦＣオーナーの話です。

彼女は自分のお店を出したのですが、赤字続きでどうしようもなくなり、僕のところにやって来ました。

当時、彼女のお店の売上は月に30万円ほどありましたが、家賃や光熱費に加えて、借金の返済をしなければならなかったため、完全に赤字でした。

店舗運営だけでは食べていけず、知り合いのエステサロンで夜にアルバイトをして食い繋いでいる状態でした。

彼女はディアーズのＦＣオーナーになり、３〜４カ月でアルバイトを辞めることができました。

給料も増え、現在２店舗目を作っているのですが、その彼女が今年、**赤ちゃんを出産**したのです。

出産をするためには、店舗を一時的にでも完全に離れないといけませんが、今はそれができる状態になったということです。

出産を終えて落ち着いたら、また店舗に戻る予定だと話していました。


僕が何より嬉しいのは、**オーナーがそうした形で見本を見せてあげることができれば、社員たちも安心して出産ができるようになる**ことです。

周囲から「だから女は……」というような視線を投げかけられる職場とは雲泥の差と言えるのではないでしょうか？

ディアーズの存在によって、こうして救われる人が出てくることが、僕にとっては何よりも嬉しいのです。

これからの時代に「男性が持つべきもの」「女性が持つべきもの」

ただし一方で、女性が稼ぐということに関しては、良いことばかりだとは言えない側面もあります。

例えば、ディアーズの女性のＦＣオーナーで、自分で稼ぐことができるようになってから、旦那様と離婚をした方が２名います。

男性は経済力がついて、天狗になると、「お前は１日中、家にいるくせに、家のことをロクにやらない」などと言い出しがちです。

たいていの場合、女性はそれを我慢していますが、いざ稼げるようになると、「私は自分１人で生きていきます」という感じになってしまいます。

最近は熟年離婚が多いように思いますが、**女性が我慢に我慢を重ねている証拠**と言えるのではないでしょうか？

「幸せって、いったい何だろう？」

こうしたケースを見るたびに、僕はそのように思い、複雑な気持ちになります。

本来、お金を稼ぐこと自体は良いことであるはずですが、**お金を稼ぐことによっ**

て、**逆に家庭が崩壊してしまうケースもある**のです。

これからの時代、女性は旦那様に頼らなくても、**自己主張ができる強さ**を持つべきだと思います。

言うまでもありませんが、そのためには**経済力**をつけなければなりません。

経済力をつければ、我慢をする必要がなくなります。

旦那様の給料をあてにしなくてもよくなるので、言いたいことを言うことができるようになります。

一方、そうした時代に男性に求められるのは、何よりもまず**包容力**ではないでしょうか？

女性の話に耳を傾け、共感してあげる。

そうした姿勢が、職場のみならず、家庭においても必要とされる時代に突入しているのではないか？

そのように感じています。

第６章のポイント

☑ ディアーズ直営店の社員は全員女性だが、離職率は０%。ディアーズでは、「女性が働きやすい環境」が整っている。

☑ 人口が減少していく日本において、「女性が働きやすい環境」を作ることは、今後の最重要課題の１つである。

☑ 女性は人生の節目、節目でライフステージが変わる。結婚や出産など、女性のライフステージの変化にきめ細かく対応できる職場環境を作ることが大事。

☑ 女性に対する配慮が、女性の社会進出を後押しするだけでなく、離職率の低さや会社の成長に繋がっていく。

☑ 女性には、何よりもまず「共感」を示すことが肝心。女性の話に耳を傾ける包容力を持とう。

あとがき

最後に少しだけ、僕個人の話をさせてください。

僕の尊敬する人物に**中村文昭さん**がいらっしゃいます。

中村さんの著書『**お金でなく、人のご縁ででっかく生きろ!**』(サンマーク出版刊)はベストセラーになりましたので、ご存じの方もいらっしゃるのではないでしょうか?

この著書にも書かれているとおり、中村さんは**人とのご縁**を人一倍大切にする方です。

新幹線で隣に座った人には必ず声をかけ、駅に降りるのと同時に手紙を書き、その場で投函する。

そうして知り合った人たちを中村さんは「新幹線友だち」と呼んでいるそうで

すが、それほどまでに人とのご縁を大切にする生き方に、僕は心を揺さぶられました。

僕が中村さんを知ったきっかけは、店長ミーティングの題材として、中村さんの講演ＤＶＤが使われたことでした。

当時、「こんな方がいらっしゃるのか」と衝撃を受けた僕は、グイグイ惹き込まれて、中村さんにすっかりハマってしまいました。

中村さんの著書や講演のＤＶＤは全て持っています。

思えば、僕自身も人とのご縁でここまで生かされてきました。

まず感謝をしたいのは、**最初に就職したお店の社長と店長**です。

序章にも書きましたが、社長にはカバン持ちの経験を通じて、いろいろなことを教えていただきました。

また当時の店長にも、本当にお世話になりました。「お前がやるならトコトン付き合うよ」と言って、夜中まで練習に付き合ってくれたり、失敗の尻拭《しりぬぐ》いをしてくれたりしました。

従業員の失敗に対しては、どんな場合でも、従業員とともにお客様のもとに足を運び、頭を下げるような方でした。

端から見ていて「この人はすごいな」と尊敬していましたし、「自分がはたして同じことができるだろうか」と考えた時に、「この人にはかなわないな」と素直に感じました。

語弊があるかもしれませんが、唯一と言っていいぐらい「勝負を挑みたくない人」「勝てる気がしないなと感じる人」です。


僕の右腕とも言える**2人のビジネスパートナー**も同様です。

薬剤開発担当のパートナーは、参加したＩＴ勉強会で偶然、席が隣同士でした。聞けば同い年で、さらに職業も同じ美容師ということで意気投合。パートナーシップを組み、現在に至っています。

またマーケティング担当のパートナーは、当時、僕が主宰していた勉強会の生徒でした。

当時からレスポンスが非常に早く、しかも熱い方だったので、一緒に仕事をすることになりました。

元々は僕の生徒でしたが、今では**同志**です。

このように、現在のビジネスパートナーとの関係も、偶然の出会いから生まれたものでした。

中村さんが説いていらっしゃる「**人とのご縁を大切にする生き方**」が、僕の根底に確実に生きていることを実感しています。

ある時、直営店の社員が「退職を考えています」と突然言い出しました。

理由を聞いてみると、「本気でお付き合いをしている人がいるので同棲したい」とのことでした。彼女は言いました。

「年齢的にも結婚を考えています。同棲を始めたいけれども、同棲先にはディアーズがないので、辞めるしかありません……」

当時、彼女が勤めていたお店は、同棲先から車で1時間ぐらいのエリアにあり、毎日通うのは難しいとのことでした。そこで、僕は提案しました。

「もし同棲先のエリアに店舗を作ったら、そこで働きたい？」

彼女は「もちろんです」と答えたので、僕はすぐに動いて、そのエリアに店舗を作りました。彼女は今でも、その店舗で元気に働いてくれています。

この話をすると、「たった1人の従業員のために、そこまでするんですか？」とよく言われます。

僕に言わせれば、「**たった1人の従業員**」**だからこそ**です。

人生には、様々な優先順位があります。彼氏や彼女、旦那様や奥様の優先順位がディアーズより上なのは、当たり前の話です。

でも、もしも、その人の次の優先順位にディアーズが来るならば、僕はそれをずっと守っていきたいと思っています。

一番でなくてもいい。**ディアーズに関わってくれた人、ご縁があった人をきちんと守っていきたい**というのが、僕のスタンスです。

すでにお話ししましたが、最初に就職したお店では、僕が至らなかったせいで、僕が店長になったとたんに、3人の従業員が辞めていきました。

当時の僕は、やる気ばかりが空回りして、自分の仕事のやり方を押しつけ、従業員が何を求めているのかに気づくことができませんでした。

自分のせいで人が辞めていくというのは、やはり辛いものです。

「僕が店長じゃなかったら、あの人たちは今でも美容師の仕事を続けていたかもしれないな……」

そうした後悔の念にかられることが、今でもたびたびあります。

従業員が去っていくことに無力だった日々のことを思えば、今、**僕自身の力で従業員を守っていけることが、僕にとっては何よりも嬉しい**のです。

この本で話をしてきたように、僕は会社をスケール（事業規模を拡大）させるために、徹底的にドライなシステムを設計し、構築してきました。

でもドライな部分だけでなく、「たった1人の従業員のために」といった、一見非効率にも思える「ウェットな部分」をあえて残しているのは、**「店長として従業員を辞めさせてしまった」という僕自身の原体験**に根っこがあります。

いじめを受けた経験があるせいか、人一倍繊細な僕にとっては、「自分のせいで人の職業をチェンジさせてしまった」という事実が重くのしかかりました。

現在のビジネスモデルは、その時の反省をもとに設計されています。

「これは繊細な人だからこそ構築できたビジネスモデルだよね」

「行き着いた事業モデルだね」

たまに、そう言っていただくことがあります。

見る人が見れば、ただドライなだけのシステムではないということが、すぐに理解していただけるようです。

そんな僕の今の目標は、**全国の津々浦々にディアーズを展開**させることです。

例えば、旦那様の転勤で引っ越しをしなければならなくなったとしても、転勤先にディアーズがあれば、ずっと仕事を続けることができるからです。

コンビニエンスストアのようなインフラとしてディアーズを整備することが、僕の現在の目標です。


あとがきの冒頭で中村文昭さんについて書きましたが、実は、僕は中村さんの講演会には一度も参加したことがありません。

中村さんの著書や講演のＤＶＤは全て持っていますが、直接お会いしたことは、まだ一度もありません。

なぜかと言うと、「今はまだその時ではない」と思っているからです。

初めて中村さんにお会いする時には、「**中村さんのおかげで、こういう事業展開になりました**」という報告をしたいと考えています。

そのためには、現状に満足することなく、今以上の結果を出さなければなりません。だから、今はまだそのタイミングではないと思っています。

いつか中村さんの講演会で前座をやらせていただくことが僕の夢で、その夢に向かって、これからも日々邁進《まいしん》していくつもりです。

この本も出版プロデューサーである**長倉顕太さん**との出会い、ご縁から生まれました。長倉さんには様々なアドバイスをいただき、この本が出来上がる最後の瞬間まで伴走をしていただきました。ありがとうございます。

また、この本の流通と販売を担っていただく**サンクチュアリ出版営業部の皆様**、**全国の書店員の皆様**にも、この場を借りて御礼申し上げます。

全国展開のためにご尽力いただいた方にも、御礼を申し上げたいと思います。

本部として常に走り抜き、僕の活動を全面的にサポートしてくれている**猪熊政人さん**。**浅井慎一郎さん**。

運営サポートをしてくれている**関直也さん**。**高山辰也さん**。**山本智大さん**。

発信のサポートをしてくれている**古瀬ハナさん**。**井藤宏香さん**。いつも全力で支えていただき、本当にありがとうございます。

店舗立ち上げの面でサポートしてくださる**タカラベルモント様**。**山田慶さん**。

それから、全国セミナーをともに動いてくださった**鈴木和敏さん**。**ロベイション山田慎吾さん**。全国を走ってくださり、ありがとうございました。

鈴木さんはディアーズの立ち上げ当初から近くで見守ってくださり、ずっと助けてもらっています。ありがとうございます。

そして、僕が美容業界に戻るきっかけをいただきました**木村直人さん**。木村さんからは発信のスタンスや思考をたくさん学ばせていただき、僕の人生に影響を与えてくださいました。ありがとうございます。

最後になりますが、改めまして、この本を作るためにサポートしてくださった長倉顕太さん。大平淳さん。出版のプロのおふたりに助けていただき、とても心強かったです。おかげさまで、人生2冊目の本を出すことができました。本当にありがとうございました。

Profile

北原孝彦（きたはら・たかひこ）

Dears（ディアーズ）グループ代表

地元の長野県の美容室で店長を務め、独自のWEBメディアを運営。アフィリエイターとしても活躍したのち、2015年、長野県に美容室Dearsを開業。

「髪質改善に特化」「店長を置かない」「週休3日」「フレックス制」「仕事が終わったスタッフから帰宅」など、独自の考えをもとに、Dearsの店舗を急拡大。リピート率90％以上、低離職率を実現し、ゼロから4年で100店舗以上、グループ年商40億円、美容品EC年商6億円規模に育て上げた。

美容室以外にも有料のオンラインコミュニティ「北原の精神と時の部屋」を運営し、事業を急拡大させ続けている。

「北原の精神と時の部屋」は、リリースから3カ月で700人を集め、年商1.7億円規模にスケールした。このコミュニティでは、北原の事業作りを全公開し、「1年で5年分の学びと視座」を提供している。

主な著書に『弱くても最速で成長できる　ズボラPDCA』（すばる舎刊）。

▼美容室Dearsホームページ
https://dears-salon.com/

たった4年で100店舗の美容室を作った僕の考え方

2021年　7月12日　　初版発行
2022年　1月23日　　4刷発行

著　　者　北原孝彦

プロデュース　長倉顕太
カバーデザイン　ハッチとナッチ
本文デザイン・DTP　野中賢（株式会社システムタンク）
協　　力　古瀬ハナ（株式会社Uminekoカンパニー）
編　　集　大平淳

発 行 者　大平淳
発　　行　株式会社横浜タイガ出版
〒221-0074　横浜市神奈川区白幡西町37-5
TEL　045-401-2822
URL　https://ytaiga.co.jp

発　　売　サンクチュアリ出版
〒113-0023　東京都文京区向丘2-14-9
TEL　03-5834-2507
FAX　03-5834-2508

印刷・製本　日経印刷株式会社

©Kitahara Takahiko 2021
ISBN 978-4-8014-9004-8
本書の内容を無断で複写・複製・データ配信することを禁じます。
乱丁・落丁本はお取り替えいたします。

読者限定！ 2大無料特典

① オーディオブック

② 特別セミナー動画

プロのナレーターに依頼し、**本書の内容をオーディオブック化した音声ファイル。**

ならびに**全国展開を達成した際に開催した特別セミナーの動画**を無料プレゼント！

「本書の学び」を深めるために、ぜひご活用ください！

▼パソコンでのお申込みはこちらから

https://kitaharatakahiko.jp/100tenpotokuten/

※無料プレゼントはWEB上で公開するものであり、小冊子、CD、DVDなどをお送りするものではありません。

※上記のプレゼントのご提供は、予告なく終了させていただく場合がございます。あらかじめご了承ください。

※ご登録いただくメールアドレスは横浜タイガ出版、ならびに株式会社WEBSTYLEにて、厳正に管理いたします。ご登録者には書籍・セミナー・教材等の案内メールをお送りする場合がございます。

スマートフォンは
こちらから